东营区文史第二十五辑

抗日民主政府县长

王雪亭

文史专辑

政协东营市东营区委员会文化文史和学习委员会
中共东营市东营区龙居镇委员会、龙居镇人民政府 编

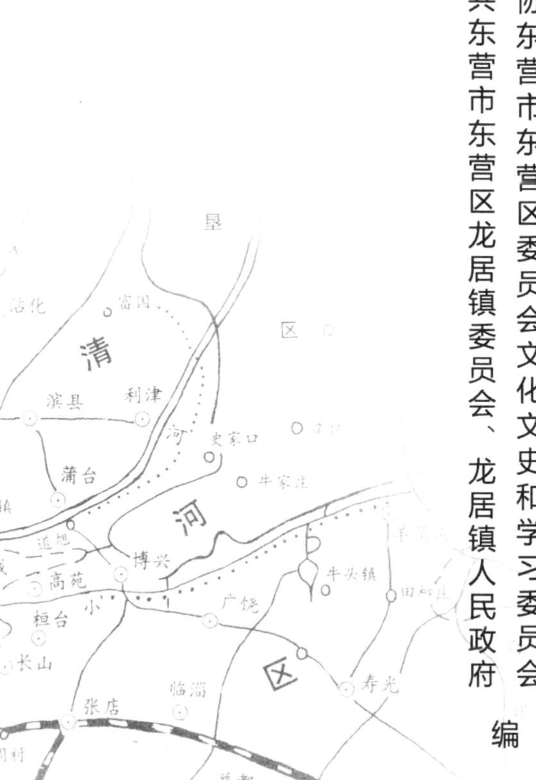

中国文史出版社

图书在版编目（CIP）数据

王雪亭文史专辑 / 政协东营市东营区委员会文化文史和学习委员会，中共东营市东营区龙居镇委员会，龙居镇人民政府编 . -- 北京 : 中国文史出版社，2024.12.

ISBN 978-7-5205-5110-6

Ⅰ . K827=7

中国国家版本馆 CIP 数据核字第 2025MW9424 号

责任编辑： 王文运　赵姣娇

出版发行： 中国文史出版社

社　　址： 北京市海淀区西八里庄路 69 号　邮编：100142

电　　话： 010-81136606　81136602　81136603（发行部）

传　　真： 010-81136655

印　　装： 山东黄氏印务有限公司

经　　销： 全国新华书店

开　　本： 16

字　　数： 149 千字

印　　张： 12

版　　次： 2025 年 1 月北京第 1 版

印　　次： 2025 年 1 月第 1 次印刷

定　　价： 58.00 元

东营区政协文史委员会

主　任： 杜书亮

副主任： 王海明　刘瑞俭　马献忠　陈卫红　沈彦明　张乐春　吕全友　生利林　刚宪珍

委　员： 王　彬　黄　岗　杨庆军　刘　岩　丁立强　生金山　孙海军　刘红蕾　时新军　轩庆国

《王雪亭文史专辑》编委会

主　任： 马献忠

副主任： 生金山　隋海伟　刘　松

审　稿： 王振伟　张　文　李　鹏

编　著： 刘英亭

编　辑： 生金山　朱胜凯

目 录

前 言

王雪亭是山东抗日战争时期第一位率部起义的国民党团级军官，后任清河区蒲台县、垦利县和渤海区利津县抗日民主政府首任县长，是清河区抗日民族统一战线的代表性人物之一。他在抗日民族统一战线的洪流中成长为立场坚定的共产党员。

清河区是抗日战争时期中国共产党在山东省东北部创建的平原抗日根据地，是中国共产党在山东创建的重要战略区。清河区行政主任公署下辖清西、清东、清中、垦区四个督察专员公署，创建20多个县级抗日民主政府，涉及今天小清河流域济南、滨州、淄博、东营、潍坊等市辖地区，蒲台、垦利、利津抗战时期均属清河区。1944年初，清河区与冀鲁边区合并为渤海区，是山东省面积最大的平原抗日根据地。

王雪亭是山东省蒲台县三区王家村（曾属博兴县，今属东营市东营区龙居镇）人。他在山东省立第一中学肄业后，于1930年考取山东陆军士官教导团，毕业后投身国民党地方民团。1937年9月，王雪亭任国民党陆军八十一师教导团一营营长，赴德州抗日前线参战。12月，率部离开第八十一师，回到蒲台县，与国民党蒲台县大队、公安局武装合并整编为蒲台县抗日混成团，任副团长、团长，坚持抗日斗争。1938年，该团改编为国民党山东保安第九团，王雪亭任团长。

1939年7月，王雪亭接受中国共产党的统一战线思想，支持共产党的抗日斗争。1940年6月，王雪亭率部起义，脱离国民党。7月，中国共产党领导的蒲台县抗日民主政府成立，民主推选王雪亭任县长。

1941年2月，王雪亭部被正式改编为八路军山东纵队第三旅独立团，王雪亭任团长。他率部队辗转于博兴、蒲台一带，开展敌后抗日斗争。

1942年4月，王雪亭任垦区行政委员会主任。1943年4月，垦区行政委员会改为垦利县人民政府，选举王雪亭为县长。其间，加强基层政权建设，开展土地清丈、安垦及灭蝗斗争，与垦区人民一起，在清河区党政军领导下，取得了反日伪军“扫荡”“蚕食”斗争的胜利。1943年底，粉碎日伪军“二十一天大扫荡”，度过抗战最困难时期，巩固壮大垦区抗日根据地，为大反攻打下坚实的基础。

1944年8月，利津县全境解放。攻克利津城是渤海区局部反攻以来第一次全歼守敌，是八路军在山东境内彻底解放的第一座县城。10月，王雪亭经渤海区行署副主任李人凤、工商局监委刘群介绍加入中国共产党。10月18日，在利津县召开的全县人民临时代表大会上，王雪亭当选为利津县抗日民主政府县长，此时王雪亭正在中共山东分局党校学习。1945年2月，王雪亭返回利津，就任县长。其间，他带领县政府成员在团结统战、巩固政权、灭蝗保粮、反蒋治黄、防汛抢险、参军支前、土改复查等工作中，都作出很大贡献。

1947年10月，王雪亭调离利津县，到中共华东局党校参加整风学习，后随华东野战军南下，做支前工作。先后参加了济南战役、淮海战役、渡江战役等，负责后勤供应工作。解放南京、上海等城市后，王雪亭任西南服务团一团行政处副处长。

1949年11月，重庆解放后，他任中共重庆市委行政处处长。后任重庆市税务局城区分局局长、重庆市建筑工程管理局市政公司副经理等职。1952年，王雪亭遭受错误处分，1957年，被错划为右派分子，“文革”中受隔离审查4年。王雪亭虽屡受不白之冤，历尽坎坷，身心遭受严重摧残，但他对党的忠诚始终不渝。他工作勤勤恳恳、深入实际、任劳任怨，经常带病坚持工作。他坚持原则、敢于斗争、顾全大局、团结同志，保持了革命者的本色。1979年3月，中共重庆市委纪委撤销原错误处分决定，恢复王雪亭的党籍。同年3月20日，王雪亭病逝于上海龙华医院。

王雪亭革命的一生堪称传奇。在民族危亡时刻，奋起抗战；率部起义，脱离国民党；追随共产党坚持抗战，就任抗日民主政府县长；加入中国共产党，并矢志终身。在抗日战争、解放战争、社会主义革命和建设各个时期，无论顺境逆境，他始终站在人民立场，努力工作。王雪亭是一位忠于马克思主义、毛泽东思想的革命战士，是人民的好儿子，为中国人民的解放事业作出了贡献。

红色基因需要传承，红色传统需要发扬。我们发挥政协文史工作“存史、资政、团结、育人”的社会功能，比较系统全面地研究王雪亭革命生涯，编纂《王雪亭文史专辑》，是深入挖掘、保护、传承东营区红色文化、革命文化的重要举措。

前事不忘，后事之师。我们怀着深深的敬意，缅怀前辈先贤的革命历程，更加懂得江山来之不易，更加珍惜今天的美好生活。希望我们从历史中汲取智慧和营养，凝心聚力、砥砺前行，创造更加美好的明天。

王雪亭传略

家 世

1911年1月29日（农历庚戌年腊月二十九日）①，王雪亭出生于山东省蒲台县三区王家村（今属东营市东营区龙居镇）。

蒲台县治所在原蒲城，辖今滨州市博兴县北部、滨城区南部和东营市东营区西部。清乾隆元年《山东通志》卷三《建置志》记载：“蒲台县，周为齐地，秦属齐郡，西汉为北海郡湿沃县地，东汉湿沃县属青州乐安郡。”乾隆二十八年重修《蒲台县志》记载：“邑境汉为湿沃，地最辽阔，今之商河、滨州、利津、沾化，皆湿沃也。”隋开皇十六年（596）始分湿沃县地，置蒲台县、商河县。唐代，蒲台县属河南道棣州。宋时并入河北东路滨州渤海县。金元时期，蒲台县分属滨州、般阳路。明属济南府，清属武定府。民国初期，蒲台县先后属山东省武定府、岱北道、济南道、鲁北行署。

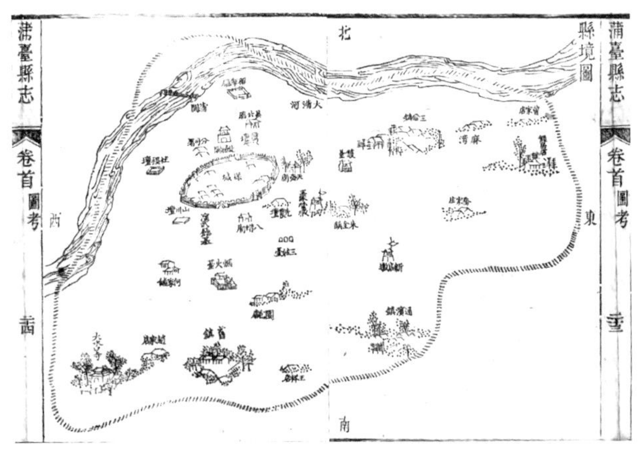

清乾隆二十八年重修《蒲台县志》载《县境图》

蒲台县王家村与黄河口地区其他大多数村庄一样，是一个移民

① 根据1956年王雪亭干部任免表，王雪亭出生于1910年（实际为农历庚戌年）腊月二十九日，公历为1911年1月29日。

村落。

黄河口地区的移民多来自山西洪洞县和河北枣强县。据统计，东营市辖区来自枣强移民共有姓氏262个、分布村庄702个，其中东营区移民姓氏54个，涉及9个镇（街道）125个村庄，占全区村庄总数的61%。王家村就是其中之一。

据王家村《王氏祖谱·族谱序》载：“王氏之先，出自冀州之枣强。明洪武初年，会有迁发之令，始祖自枣强迁蒲台，占藉于城东赵家寨居焉，即今之王家庄也。”

王雪亭的祖父王超凡是个秀才，有三个儿子，长子作庆，次子锡庆，三子善庆。长子作庆没有子嗣，次子锡庆夭折，只有三子善庆有一个儿子。从《王氏祖谱》上看，王超凡的哥哥王超群，有两个儿子——先庆、承庆，但是，先庆无嗣、承庆夭折。另据王雪亭《自传》中说，王超群、王超凡还有一个叔伯兄弟，没有留下后代。王超群、王超凡叔伯兄弟3人，子侄辈虽有5人，孙辈却只有一人。

王超凡身为秀才，但他的儿子王善庆却未能像父亲那样靠读书博取功名。王超凡叔伯兄弟3人把全部的希望都寄托在这个孙子身上。他给孙子取名为松梅。在鲁北大地，每到冬季，其他树木都落光了叶子，只有松树能耐住严寒；百花之中，也只有梅花是不惧风雪的。

王松梅的爷爷是秀才，按照古代读书人的习惯，他为王松梅取的

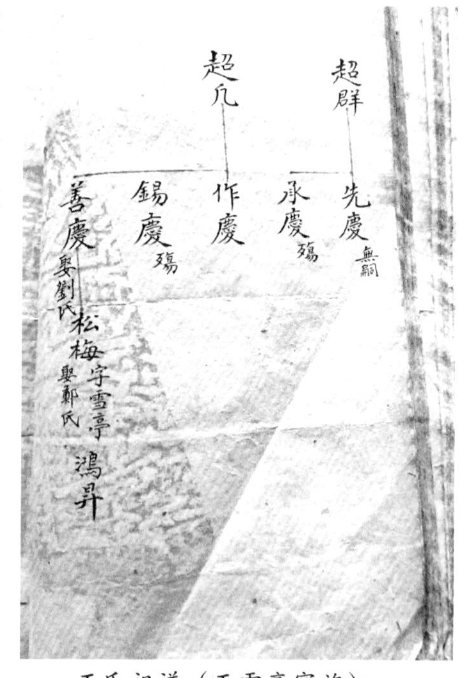

王氏祖谱（王雪亭家族）

字是“雪亭”，与“松梅”二字正好同义互释。古人取名字讲究姓、名、字三结合。一般在孩子出生三个月后取名，曰乳名。上学后再取新名字，曰学名。成年后，一般男子到20岁、女子到15岁才有字。另外古人为表尊贵，常以字来称呼对方。所以，后人称他为“雪亭”，“松梅”这个名字反而渐渐被人们遗忘了。

投笔从戎

1919年，王雪亭入私塾读书，两年之后，在本村小学堂继续上学。当时，小学有初级小学和高级小学之分。初级小学简称初小，只有一至四年级，比较大的村庄才会有高级小学。据王雪亭1955年写的自传材料说，他读完初小之后，又读了3年高小。1928年高小毕业考中学的时候，他的母亲刘氏不愿意他到离家很远的地方上学，所以就近考入本县的一家私立教会学校——鸿文中学。

鸿文中学是英国基督教浸礼会传教士阿尔弗雷德·埃米斯特·格林宁（中文名赵诚）于1904年创办的。校址在蒲台县城东北角，开设课程有国文、数学、理化、历史、地理、英文、圣经等，这是鲁北地区最早的一所新式学校，在当地颇具影响。可是，当时王雪亭的很多高小同学已经考到了济南去上学，他却在本地的一个私立的教会学校读书，“感到很不好，觉得不光荣。”于是，他只在鸿文中学读了一学期，第二年就坚决地退了学，跑到济南报考山东省立第一中学。

山东省立第一中学是民国时期山东著名中学，其前身是清朝末年建立的济南府中学堂，校址在贡院墙根街北首。1928年5月济南惨案时，省立一中校舍被日军大炮炸毁，学校停课。1929年底迁至杆石桥街原山东高等学堂旧址复课，王雪亭即在此时来到该校就读。几个月后，国民党新军阀之间的中原大战爆发，王雪亭无法继续安心读书，于是辍学回家。

1930年，王雪亭考入山东陆军士官教导团。第二年毕业后，被分配到国民党鲁北民团指挥部任副中队长，驻扎在禹城车站。不久调回蒲台县，任县警备大队中尉副连长。

1931年春节期间，他带人抓捕了一批聚众赌博、吸大烟和贩卖鸦片的歹徒、恶棍并游街示众，因而得罪了地方豪绅、封建势力，结下了不解之仇。在暑假的时候，外地一些同学、朋友来找王雪亭一起玩了几天，王雪亭得罪的那些人就联名诬告王雪亭“通匪”，他因此含冤入狱。在这些联名上告的人中，有一个很特殊的人，就是王雪亭的远房舅舅。原来，王雪亭未从军前，一次到与王家庄相隔不远的刘家庄的外婆家去玩，听说他的这个远房舅舅与外婆家有了纠纷。了解之后他才明白，他外婆家的庄稼地与那个远房舅舅家的庄稼地相邻，只有一条地堑相隔，在春耕时，他的这个远房舅舅把地堑往王雪亭外婆家这边挪了一垄。外婆家与其理论，但对方蛮不讲理，一家人都很气愤，又惹不起。当天晚上，王雪亭就打着灯笼，腰里别着一把刀子，手里拿着鞭子、套上犁，赶着牛去把远房舅舅挪过来的地堑给翻了过去。当他的远房舅舅听到这个消息后，赶来一看，见王雪亭手里拿着鞭子，腰里别着刀子，根本连看他们一眼都不看。他们从王雪亭的身上感受到了一股杀气，也没敢阻拦。事后，他的这个远房舅舅说：只要有王雪亭，咱们的日子就好过不了。终于，王雪亭因为抓赌引起了一些人的不满，他的远房舅舅就联络那些人，一起诬告王雪亭“通匪”，将他逮捕入狱。

在王雪亭被诬告关进监狱的一年多时间里，他的母亲四处托人周旋，直到1933年才从济南将其保释出狱。后来王雪亭当了国民党山东保安第九团团长，一次带队经过刘家庄，他的这个远房舅舅正在大街上晒太阳，以为王雪亭是来抓他的，吓得赶紧跪在街边。王雪亭感到很诧异，下马到近前一看，认出是他的远房舅舅，赶紧把他搀扶起来，并说以前自己年轻气盛不懂事，过去的事就不要再提了。等王雪亭走后，他对身边人说，我这个外甥将来必成大事。

1933年，经山东陆军士官教导团同学、时任广饶县县大队副大队长的马鸣昌介绍，王雪亭到国民党广饶县县大队任中尉副队长。干了将近一年，他因伤寒病赴济南劳和医院住院治疗，两个月后病愈出院。他的母亲劝他不要再当兵，他个人也觉得奔波这几年有些灰心，而且由于他的父亲早已病故，他是家里唯一的成年男子，家里也确实需要他。于是，就返回家乡。1935年秋，他与本村的一位邻居张友德合伙做轧棉花生意。王雪亭过了一段比较平静的生活，可是，一场洪水将他的安居梦想彻底粉碎了。

正觉寺黄河决口纪念碑

1937年8月，黄河水猛涨，正觉寺段出现险情。正觉寺是蒲台县黄河右岸河滩内的一个村庄（今村址已在河内），对岸是利津县一区冯南乡的宫家村（今利津县北宋镇前宫村、后宫村）。河水越来越大，不断冲刷滩地。河水冲刷到右岸正觉寺苇湾时，繁茂的芦苇根系起了作用，滩地停止了坍塌，险情暂时缓和。但是，左岸宫家村险情却更为吃紧。利津县县长薛儒华得知此情后，竟然做出了一个将危险转嫁他人保护自己的决定。8月15日夜，他选派精壮民夫，派武装人员监督，偷偷乘船渡到右岸，将正觉寺苇湾边缘迎溜处扒开，致使滩岸急剧坍陷，1.5公里多的滩地仅两天时间就全部塌光。17日，临河堤脚的一棵大柳树被冲歪，人们才发觉大水已经靠近了大堤。18日，蒲台县县长王葛林带人赶赴大堤亲自督导抢险。但是，经过十几天奋战，仍没能堵住滔滔的河水，8月31日11时，正觉寺决口。王雪亭的家乡王家庄与麻湾、贾王、魏家等村首当其冲，很快被淹没。短短几天，小清河也因黄河水注入而泛滥。蒲台、博兴、广饶、利津南部（现属垦利部分）、寿光北部，很快成了一片汪洋。

王雪亭家的全部财产被大水冲得一干二净，生活没了着落，王雪亭便与母亲、妻子、妹妹、儿子一家五口人逃离家乡。后经蒲台县县大队副队长袁琢庭介绍，王雪亭到刚刚成立的县常备大队担任训练新兵的教练。

在此之前，七七事变爆发，日军发动全面侵华战争，中华民族全面抗战爆发，王雪亭即将投入全民族抗战的洪流。

团结抗战

1937年7月7日，卢沟桥事变爆发。次日，中共中央向全国发表号召抗战的宣言，指出“只有全民族抗战，才是我们的出路。”“全中国人民、政府和军队团结起来，筑成民族统一战线的坚固长城，抵抗日寇的侵略！国共两党亲密合作抵抗日寇的新进攻！驱逐日寇出中国！”

7月17日，蒋介石在庐山发表谈话，确定了准备抗战的方针，提出“政府对于卢沟桥事变，已确定始终一贯的方针和立场。我们知道全国应战以后之局势，就只有牺牲到底，无丝毫侥幸求免之理。如果战端一开，那就地无分南北，人无分老幼，无论何人皆有守土抗战之责任。”

8月22日至25日，中共中央政治局扩大会议在陕北洛川召开。会议通过了《中共中央关于目前形势与党的任务的决定》和《中国共产党抗日救国十大纲领》。会议指出，争取抗战胜利的关键是实行共产党的全面抗战路线，反对国民党的片面抗战路线。会议决定，在敌人后方放手发动独立自主的山地游击战争，开辟敌后战场，建立敌后抗日根据地。同时决定，以减租减息作为抗日战争时期解决农民问题的基本政策。

8月25日，根据国共两党谈判达成的协议，中共中央军委发布命令，将中国工农红军主力改编为国民革命军第八路军（9月11日改称第十八集团军），以朱德、彭德怀为正、副总指挥（9月11日分别改称正、副总司令），下辖第一一五师、第一二〇师、第一二九师。全军主力于8 月下旬起，先后奔赴华北抗日前线，打击日本侵略者。

中共中央和山东省委为争取各种力量共同抗战，早在西安事变前后就加强对韩复榘及其部下的争取和联络工作。1935年，日本制造华北五省自治的阴谋。这一阴谋中的五省包括山东。当时拥兵自重的山东省政府主席韩复榘，在多方争取下，与日本侵略者决裂。1937年4月，他拒绝去北平参加华北五省自治会。1937年5月，中共中央派曾任中国工农红军陕甘支队第二纵队司令的彭雪枫来山东做韩复榘及其部属的工作，推进了山东党组织对国民党山东上层人物的统战工作。

卢沟桥事变后，中共中央审时度势，迅速开展对国民党山东省政府主席兼第三路军总指挥韩复榘的统战工作。7月下旬，中共中央又派曾任红一方面军教导师政委、陕甘支队第三纵队参谋长的红军将领张经武到济南，开展对韩复榘的统战工作。8月中旬，中共华北局山东联络局书记张友渔抵达济南，领导山东的情报工作及上层统战工作。

在中共山东省委的协助下，张友渔、张经武与韩复榘多次会谈，双方基本达成3项协议：（一）释放在押的政治犯。9月至11月，张晔、李林、赵健民、张北华、程照轩等近400名共产党员、进步人士陆续出狱。（二）成立第三路军政训处，由余心清任主任。中共山东省委派遣部分共产党员和左派人士协助余心清工作。（三）开办第三路军政治工作人员训练班，培训动员民众干部等。这3项协议，标志着抗日民族统一战线在山东正式形成。统一战线的形成，大大促进了山东的抗日救亡运动。释放出狱的共产党员先后被派往山东各地，绝大多数成为领导各地抗日武装起义的骨干力量。先后有1500余名爱国青年参加第三路军政治工作人员训练班，经过训练后，陆续派往山东各地从事发动敌后抗日工作。

在山东正面战场，国民党山东省政府主席兼国民革命军第三集团军总司令韩复榘在抗战初期，对部队进行扩充整编。

1937年9月，蒲台县常备大队编入国民革命军第三集团军第十二军第八十一师教导团一营，王雪亭任营长。部队编成之后，立刻就奔赴抗日前线。

9月，日军开始沿津浦铁路大举进犯山东。9月24日，日军侵占河北沧县，然后，继续南下，兵锋直指德县。德县古称德州，是山东的北大门，自古有“九达天衢”“神京门户”之称，是津浦铁路的重要交通枢纽，也是遏制日军南进的重要屏障，战略位置十分重要。因此，蒋介石命令国民党山东省政府主席、第三集团军总司令韩复榘迅速派兵防守德县。然而，面对气势汹汹的日军，韩复榘却以加强黄河防线为由，命令驻防德县一线的七十四师、八十一师主力南撤，仅留八十一师243旅485团的两个步兵营、两个迫击炮连在德县城北的北厂、长庄一带设防。

9月30日，日军出动8架次飞机开始轮番轰炸德县城北门、小西门和火车站。随之，日军第十师团（矶谷师团）即兵临德县城北。10月2日午夜，日军将西北城墙炸出一个大缺口攻入城内，485团守军组成敢死队，与日军多次展开拉锯式的肉搏战，团长张德允等众多官兵英勇殉国。10月3日凌晨，日军占领德县城。之后，沿津浦线继续南犯。

当时，王雪亭所在的第八十一师分布在济南至临城间铁路线上。11月8日，日军主力兵分两路向黄河推进。一路是第一〇九师团本川旅团，从盐山出发，至11日，连陷庆云、乐陵、惠民。另一路为第十师团主力，向临邑进攻。韩复榘这才率第八十一师、第二十师主力渡河，在济阳、商河、德平附近集结，但仍然逡巡不前，意存观望。不料日军于13日进攻济阳，韩复榘恰在城内，乃命手枪旅一个团和第二十师辎重营拼死抵抗，韩自己率卫队仓皇突围，几乎当了俘虏。惊慌之余，韩复榘下令第三集团军各师撤到黄河南岸，并炸毁了黄河大桥，使黄河北岸尽失，东自惠民、济阳，西至齐河，均为日军占领。

面对国民党军队的节节败退，王雪亭痛心疾首，在撤退途中，他带领教导团一营回到蒲台县。与原国民党蒲台县大队、公安局武装统一整编为蒲台县抗日混成团，由县里一位国民党老军人李长庆任团长，王雪亭任副团长。部队整编以后，李长庆带领一个营驻扎在蒲台城西，王雪亭带领两个营驻扎在城东。1938年春，李长庆在与日军作战中牺牲，王雪亭继任团长。

1937年7月中旬，中共山东省委在济南召开会议，传达中共苏区代表会议、白区工作会议精神，研究如何领导山东人民抗战的问题。根据中共中央决定组成新的中共山东省委，由黎玉任书记、张霖之任组织部部长、林浩任宣传部部长、景晓村任秘书长。会议决定组织抗日游击队，发展抗日救国民众团体，编发不定期刊物《齐鲁文化》，加强抗日宣传。

9月中旬，中共山东省委书记黎玉到山西太原参加北方局所属各地党组织负责人会议，讨论配合八路军开展华北敌后抗日游击战争问题。他向杨尚昆、彭真请求派一批红军干部和抗大学员到山东领导军事工作。随后中共中央和北方局抽调洪涛、廖容标、韩明柱、赵杰、程绪润、周凯东、郭盛云、廖云山等8名红军干部到山东工作。省委将他们派赴各地，作为领导武装起义的骨干。

遵照《抗日救国十大纲领》的规定和山东的实际情况，中共山东省委制定了组织和发动抗日游击队的十大纲领。号召“要保卫山东，就要组织抗日游击队，共产党员应当脱下长衫到游击队去。”“以‘抗日游击队’的名义，以‘山东人民抗日救国军’的名义号召广大群众来参加这个部队，尤其是吸收教员、学生、知识分子参加部队。”“团结一切不愿做亡国奴的人们起来参加部队，扩大抗日民族统一战线，吸收积极分子参加部队。”省委把发动武装起义的时机选择在国民党、韩复榘的军队开始撤退或已溃散，而日军尚未到达或虽已到达立足尚未稳定之时。关于武装起义的部署，划分了十几个地区。

中共中央和山东省委对清河地区的抗日工作非常重视。卢沟桥事变后不久，毛泽东在延安抗日军政大学讲课中谈到山东敌后抗日工作时就指出："要建立以淄川、博山为中心的根据地，逐渐向北发展。"

为贯彻中共中央和中央华北局关于在敌后发动抗日武装和开展游击战争的指示，中共山东省委派从延安来的红军干部廖容标、韩明柱及出狱干部姚仲明、金明、赵明新、岳拙园、孙学之、魏思文、景宜亭、王云生、延春城、胡维鲁、李云鹤、王宗东、彭瑞林、李文、李曦晨、杨涤生、孟金山、王博昌等分赴小清河流域的长山、广饶、博兴、益都、寿光、临淄、桓台、潍县及淄博矿区，恢复和建立党的组织，开展抗日救亡和发展抗日武装起义。这些工作，为发动清河地区抗日武装起义打下了坚实的基础。

山东省委研究制订了分区发动抗日武装起义的计划，决定建立10个军或10个支队。其中清河地区主要有：鲁东地区成立第五军，淄川、博山工矿区成立第六军，昌（邑）潍（县）地区成立第七军，寿光、广饶、博兴地区成立第八军。

1937年10月，为了加强党对鲁东地区武装起义的领导，中共山东省委决定建立鲁东地区工作委员会（简称鲁东工委），鹿省三任书记，张文通任组织委员，杨涤生任宣传委员。鲁东工委统一领导小清河流域10余县党组织的恢复、整顿、创建工作和抗日武装斗争。

经过一段时期的积极工作，小清河流域各县党的基层组织普遍恢复和建立。自卢沟桥事变至1938年2月，清河区境内在已有寿光县委、昌邑县委基础上，建立了中共鲁东工委，恢复和建立了博山工委、淄川矿区工委、博兴县整理委员会、潍县县委、益都县委、广饶县委及直属省委领导的长山党小组。广大群众的抗日热情空前高涨，陆续组织建成了“民先”队、学生抗日救国会、农民救国会、抗日救亡团、抗敌后援会等抗日群众团体。这些抗日群众团体的组成为争取千百万群众进入抗日民族统一战线，从舆论、思想、组织等方面作了较为深入广泛的工作，也为以后组织抗日游击队创造了条件。

在中国共产党的领导下，王雪亭的家乡鲁东及清河地区也先后发动了多次武装起义，并建立起多支抗日队伍：

1937年9月，中共山东省委派林一山去长山县与长山中学校长马耀南商谈组织抗日武装问题。省委接受马耀南的请求，先后派姚仲明、廖容标、赵明新来到长山开展工作。12月26日，廖容标、姚仲明、赵明新会同马耀南发动黑铁山起义，建立了长山游击队。不久，山东人民抗日救国军第五军宣告成立，1938年6月改编为八路军山东人民抗日游击第三支队。12月又改编为八路军山东纵队第三支队。

1937年12月29日，张文通、马保三等在寿光县牛头镇发动抗日武装起义，成立八路军鲁东游击队第八支队，共700余人，编为第一、三、五、七共4个中队和1个特务队，马保三任总指挥。起义后不久，省委又派红军干部韩明柱到八支队担任副指挥。

1937年10月，临淄县立西关小学校长李人凤、原校长陈梅川、教师崔栋生与共产党员李曦晨、李清桂等，组织起120人的“临淄青年学生抗日志愿军训团”，李人凤、陈梅川担任教官。该部后来被王尚志改编为国民革命军冀鲁别动纵队第二梯队第三大队，脱离王尚志部控制后投奔八路军，编为八路军山东人民抗日游击第三支队第十团，李人凤任团长、陈兴任政委、刘斗忱任副团长、李曦晨任政治处主任。

1937年12月，延春城与王兆津、任天纵（任圣符）、吕致斋、董直夫、吕乙亭（吕致斋之子）等在广饶发动武装起义。1938年1月下旬，在广饶县延集村正式宣布成立八路军鲁东游击队第九支队，延春城任支队长、任天纵任政治委员、吕乙亭任副支队长兼教练、吕致斋任参谋长、王兆津任指导员，总共有50余人、40余支枪。1938年2月，吕乙亭等10余人被调入李人凤领导的三大队，其余二三十人合并到第八支队。

1938年1月27日拂晓，鹿省三、陆升勋、何凤池等将潍县、寿（光）东、昌（邑）北、安（丘）北等地的十几股武装集中于潍县蔡家栏子一带，举行抗日武装起义，成立了八路军鲁东抗日游击第七支队，王培汉任支队长、鹿省三任政委，共300余人，编为3个中队。

1938年3月，王心宠、尹天佑、苏勋卿等在历城五区的李官庄、苏官庄、苇陀村一带组织抗日武装起义，成立历城抗日游击队，后编为山东人民抗日救国军第五军第37中队。8月，编为八路军山东抗日游击第三支队第十一团独立第一连，尹天佑任指导员。

1938年春，王博昌、张海邦、陈竹村等在博兴县五区“人民抗日自卫团”的基础上组建“博兴抗日人民志愿军”，当时冠以大队名称，陈竹村任大队长，刘西元、郑尧农任副大队长（后带少部分人自动离队），王博昌负责党务工作，傅敦吾、李景房协助王博昌工作，张焕艺兼军事教练员。大队下设3个排9个班，共百余人。后因被土顽周胜芳压迫站不住脚，王博昌、陈竹村带领队伍并入八支队。

3月24日，临朐县衣家庄等村的互济会员共100余人，携带枪支弹药汇集于龙门乡夏家台子村，与国民党临朐县蒋峪区中队（中队长刘斗忱）会合，宣布武装起义，始称“人民抗敌自卫军”。不久，这支武装在吴祝存、刘斗忱等人的率领下，决定到寿光参加八支队，途经益都境内时，又会合了该县部分农民武装。4月初，队伍到达益北东朱鹿村时，通过益都县委得知八支队已去昌邑，根据中共益都县委决定，将其与益都县的抗日队伍合为一体，宣布成立八路军鲁东抗日游击第十支队，由李云鹤任司令员、胡维鲁任党代表、刘斗忱任副司令员、吴祝存任政治部主任、王范之任参谋长，共300余人，下设三、五、七3个中队和一个特务中队。5月，十支队在益都口埠镇受挫后，对部队进行整顿，并经中共清河特委批准，与临淄“三大队”李人凤部合并。7月，一起改编为八路军山东人民抗日游击第三支队第十团，李人凤任团长，刘斗忱任副团长，赵子谦任教导员，原十支队司令员李云鹤调清河特委工作。

1938年4月，中共鲁东工委书记鹿省三牺牲后，工委其他成员随八路军鲁东抗日游击队第七、八支队东进胶东，鲁东工委机关实际上已自行撤销。1938年5月，中共中央派郭洪涛率干部50余人来山东工作。其中先后到清河区工作的有霍士廉、杨国夫、鲍辉、王海珊、苏杰等。5月下旬，中共中央决定将山东省委扩大为中共苏鲁豫皖边区省委，郭洪涛任书记。为加强党对清河地区工作的领导，中共苏鲁豫皖边区省委决定成立中共清河特委，霍士廉任书记，金明任组织部部长，赵明新任宣传部部长，杨国夫任军事部部长，张天民任职工部部长，李云鹤任统战部部长。当时，清河特委的工作区域，除小清河流域的邹平、长山、桓台、高苑、博兴、广饶、寿光、临淄等县外，还包括胶济铁路以南的淄川、博山、临朐、安丘、昌乐、益都等县的全部或一部。

1938年6月16日，根据中共苏鲁豫皖边区省委的指示，山东人民抗日救国军第五军在邹平城改编为八路军山东人民抗日游击第三支队。马耀南任司令员，霍士廉任政委，杨国夫任副司令员，鲍辉任政治部主任，郑兴任参谋长。第三支队下辖第七、八、九团和特务营、警卫营，计5000余人。

亲身经历了国民党的御敌无术，见证了共产党与群众积极抗日的热情，王雪亭的思想受到极大触动，开始与共产党秘密接触。

1937年9月，李毓祯从国民党监狱获释返回家乡利津县。遵照中共中央关于建立广泛的抗日民族统一战线的要求，他于是年冬到国民党刘景良部，开展抗日工作，并深得刘景良赏识，被任命为政训处处长。其间，他多次在惠民城大寺阁组织大型抗日文艺演出，鼓舞部队和群众抗日热情，秘密发展政训处工作人员陈佩科等加入中国共产党，培养了部分倾向共产党、追求政治进步的军政人员。同时，他还到蒲台县与王雪亭联系。王雪亭知道李毓祯的真实身份，与他很谈得来，也很同意共产党的抗日主张。

李毓祯（1914—1941），利津县盐窝十六户村人。1932年8月，在济南育英中学读书时加入中国共产主义青年团。1933年2月，遭国民党反动特务机关逮捕关押。同年11月在狱中被转为中国共产党党员。1937年9月获释出狱后，历任八路军一一五师东进抗日挺进纵队第五支队政治处民运股副股长、宁津县抗日民主政府县长兼县独立营营长、冀鲁边区第三专署秘书主任。1941年12月，在商河县买虎站牺牲。

1938年5月，刘景良倾向于反共，并曾三次攻打乐陵的八路军，虽未占到便宜，却抓回来4名八路军工作人员，但后来又放回去了。由于李毓祯经常在部队中宣传抗日，言语上倾向于共产党，所以很快就引起了复兴社（国民党军统局的前身）人员的注意。三次攻打乐陵八路军失败后，刘景良从复兴社特务那里得知李毓祯“通共”后，要逮捕李毓祯。6月上旬的一个夜晚，李毓祯带领政训处工作人员赵元凤离开刘部，投奔到王雪亭处。躲过风头之后，他告别王雪亭，奔赴冀鲁边区参加八路军第一一五师东进抗日挺进纵队第五支队，任政治处民运股副股长。此后，李毓祯又多次秘密到王雪亭处继续做王雪亭的争取工作。1938年8月，李毓祯被党组织派往宁津县工作，任宁津县抗日民主政府县长。

1938年10月，日军占领广州、武汉后，抗日战争逐渐转入战略相持阶段。

10月，国民党山东省政府主席沈鸿烈率省教育厅厅长何思源、财政厅厅长王向荣、手枪旅旅长吴化文等由惠民移驻到利津县城，委任何思源为鲁北行署主任兼鲁北游击总指挥。12月，因日军再次逼近，沈鸿烈率省府机关人员及海军陆战队一部转往鲁南临朐、莒县一带，留海军陆战队一部分给何思源，保卫鲁北行署。鲁北行署成立后，随即对鲁北地区的抗日武装进行整编。除海军陆战队一部与第五区保安司令刘景良部外，沾化吴德胜部为鲁北行署直辖第三旅，无棣张子良部为山东保安第六旅，博兴周胜芳部为山东保安第八旅，寿光张景月部为山东保安第十五旅，广饶李寰秋部为山东保安第十六旅，蒲台县抗日混成团改编为山东保安第九团（王雪亭任团长）。自此到1939年，何思源在鲁北领导的国民党地方武装与八路军互相呼应，形成联合抗日的局面。在此期间，何思源找王雪亭谈话，劝他加入国民党。随后，叫书记官填了表，王雪亭正式加入国民党。

当时，国民党山东保安第九团的人员比较复杂，士兵中虽大部分是出身农民的联庄会会员，但也有部分被收编收容的土匪、兵痞和流氓，这部分人纪律较涣散，对团部的号令顺意就执行，不顺意就不予理睬。这样的队伍，怎能长期坚持抗战呢？如何将这支部队整顿成为一支纪律严明的抗日队伍，王雪亭也感到非常棘手。经再三考虑，王雪亭采取了如下整训办法：一是沿用原有副团长和营、连、排长，以稳住局势；二是加强对士兵的安抚和教育，以安定军心；三是加强团部建设，充实文职人员，以争取各界支持；四是加强卫队建设，招募士兵，壮大力量。这样，不到半年时间，卫队就扩足三个排，士兵都是经过认真挑选的，武器装备也较好。同时，他还制定了三条纪律：一是军人要服从命令听指挥；二是不得打骂和骚扰百姓；三是无论何人进团部均不得携带武器。对以上诸条，全体官兵一律遵照执行，违者一律按军法处置。这些规定，对当时九团的少数当过土匪、兵痞的士兵，确乎是一个紧箍咒。经过整顿，部队纪律和作风有了好转，战斗力也有了提高。

1938年12月，为加强对山东地区敌后游击战争的领导，根据中共中央决定，中共苏鲁豫皖边区省委改为中共中央山东分局，郭洪涛任书记。是月，根据中共中央和第十八集团军总部决定，八路军山东纵队在沂水县王庄正式宣布成立，八路军山东人民抗日游击第三支队改编为八路军山东纵队第三支队，马耀南任支队长、霍士廉任政委、杨国夫任副支队长、叶更新任参谋主任、鲍辉任政治部主任，下辖五个团：七团团长马晓云、政委孙正，八团团长程绪润、政委王海珊，九团团长杨国夫（兼）、副团长怀焕文，十团团长李人凤、政委陈兴、副团长刘斗忱，特务团团长潘建军、政委李曼村。

中共清河特委和八路军山东纵队第三支队把发动群众组建抗日自卫团、建设地方武装作为坚持平原游击战争、加速抗日根据地建设的重要措施。因此，已经与共产党员李毓祯有秘密接触的王雪亭与八路军山东纵队第三支队产生了联系。

起 义

1939年5月，党中央根据北方局的建议，派中共中央革命军事委员会委员、八路军一二九师副师长徐向前和中央北方局组织部部长朱瑞率领从八路军总部、一二九师、抗大一分校挑选出来的王建安、罗舜初、袁也烈、徐黎平、谢有法、刘子超、李竹如等一百多名年轻干部支援山东。

1939年5月，中共山东分局决定景晓村任中共清河特委书记。中共清河特委召开会议，传达中共山东分局《关于山东作战方针原则的决定》，提出改正过去忽视建立根据地的错误，加紧建立专署、县、区抗日民主政权，积极扩大山东纵队和地方武装，巩固和发展地方党，改变对顽固分子一味妥协退让和消极防御的被动局面。景晓村传达中共山东分局批示：清河区特委应抓紧筹备成立清河区统一的抗日民主政权——清河区行政专员公署，并指定马耀南任专员。

景晓村（1917—1994），原名景慕达，山东章丘人。1935年10月加入中国共产党。历任中共济南乡师地下党支部书记，山东省委秘书长，八路军山东人民抗日游击队第四支队政治部副主任，苏鲁豫皖边区省委秘书长，鲁东南特委书记兼八路军山东人民抗日游击第二支队政委，清河特委、地委书记，清河区军政委员会书记，清河地区第一届参议会议长，清河区党委书记兼八路军清河军区政委，渤海区党委书记兼八路军渤海军区政委，华东局政策研究室研究员，上海市委副秘书长兼政策研究室主任，华东工业部副部长，中央人民政府第一机械工业部第四局局长、部长助理，第二重型机械厂党委书记兼厂长，国家一机部技术司司长、重型通用局局长，农业机械部常务副部长等职。

6月，八路军山东纵队第三支队与日伪军进行了刘家井子战斗。战斗中，三支队3000余人以简陋的武器，英勇抗击5000余敌的围攻，创造了毙伤日军井口司令以下800余人的战绩，其中毙敌417人，成为山东抗战史上颇具影响的一次战斗。刘家井子战斗是一次防御战，打击了敌人的嚣张气焰，显示了清河区抗日军民不屈不挠、誓与敌人血战到底的精神。这次战斗，锻炼了部队，扩大了三支队的影响，推动了清河区抗日游击战的进一步发展。但是，三支队亦付出较大的代价，如长桓独立营营长刘鸣歧、教导员高鲁、副营长耿汉亭等干部均壮烈牺牲，全营仅40余人幸存，这对刚刚发展起来的清河平原抗日武装是一个挫折。7月22日，三支队司令员马耀南在桓台牛王庄战斗中牺牲。清河区抗战面临被动局面，清河区是坚持平原游击战还是继续横跨胶济铁路两侧、依托山区进行活动，已成为亟待解决的战略方针问题。

1939年8月1日，八路军第一纵队成立，徐向前任司令员，朱瑞任政委兼政治部主任，罗舜初任参谋处长。八路军第一纵队统一指挥山东与冀鲁边、苏北等地区的八路军一一五师和山东纵队、新四军游击支队等武装（1940年5月，徐向前赴延安，第一纵队番号撤销，对外沿用至1941年1月）。8月9日，成立山东军政委员会，统一领导山东的党政军民工作，由朱瑞、徐向前、郭洪涛、罗荣桓、黎玉为委员，朱瑞为书记。徐向前到山东后，坚持用红军的经验来建设山东纵队，领导山东纵队进行了第二期、第三期整军，加强了党对部队的绝对领导，提高了部队的军政素质和作战能力，指导山东纵队逐步向主力兵团正规化、地方武装基干化、游击队组织化、党的领导绝对化的目标迈进。他对山东纵队的正规化建设，部队战斗力的提高，抗日根据地的巩固和扩大，抗日民族统一战线的建立巩固和抗日民主政权的建立，都立下了不可磨灭的功勋。特别是他高瞻远瞩，指示山东纵队第三支队主力果断地向小清河以北发展，取得了坚持平原游击战争的经验，为打通清河区与冀鲁边区的联系奠定了基础。

8月，八路军山东纵队开始第二期整军。在整军期间，为加强对地方武装的领导，先后建立了八路军第一纵队（山东纵队）第一军区（大鲁南军区）、第二军区（鲁西军区）和第三军区（胶东军区）。

9月，中共清河特委改为中共清河地委，三支队在博山池上进行整军。八路军山东纵队第一军区第六军分区成立，对外称八路军山东纵队第三支队后方司令部，马千里任司令员，中共清河地委书记景晓村兼任政委，许云轩任参谋长，毕秀清任政治部主任。10 月下旬，杨国夫随山东纵队副指挥王建安到沂水县马牧池，向八路军第一纵队司令员徐向前、政委朱瑞请示工作。徐向前、朱瑞明确指出：三支队应坚持开展平原游击战争。三支队的根据地问题，第一步先在寿光的清水泊地区建立起来；第二步向小清河以北地区发展，到黄河入海的广阔荒原地带建立后方，并打通与冀鲁边的联系，把东西一条线，变成南北一大片。至此，清河区抗日游击战的战略方针问题得到解决。

10月，王建安到八路军山东纵队第三支队传达中共山东分局和八路军山东纵队关于三支队下一步战略方向和进行整编的决定，决定杨国夫任三支队司令员，徐斌洲任政委，李人凤任副司令员，包剑寒任参谋长，陈楚任政治部主任，官宗礼任供给部部长，王星旸任卫生部部长。三支队同时进行整编，撤销团的建制，特务团等部编为基干一营，李汝琴任营长，李曼村任教导员；十团编为基干二营，许云轩任营长，孙正任教导员；七团及警卫营等部编为邹长独立团，马晓云任团长、李曦晨任政委，马函三任副团长；寿光独立团仍归三支队建制，赵寄舟任团长、张文韬任政委；高苑“二梯队”改编为三支队第三大队。

杨国夫（1905—1982），安徽省霍邱县人。1929年参加中国工农红军。历任红军游击队分队长、特务队队长，红四军第十二师三十五团连长，第十师30团副营长、营长，红三十军第九十师269团副团长、270团团长，八路军山东人民抗日游击第三支队副司令员，八路军山东纵队第三支队副司令员、司令员，山东纵队第三旅副旅长，清河军区司令员，渤海军区司令员兼第七师师长，东北民主联军第七师师长，第六纵队副司令员，第四野战军四十三军副军长，江西军区副司令员，中南军区第一文化速成中学副校长、校长，济南军区副司令员、顾问。

11月，八路军山东纵队第三支队参加第二期整军结束后，从鲁中山区淄河流域的上庄、池上一带出发，北越胶济铁路，兵分两路回师清河平原。西路由基干一营营长李汝琴、教导员李曼村、副营长韩子衡率领，挺进长山、邹平、高苑、青城地区。东路为三支队司政机关和基干二营，在司令员杨国夫、政委徐斌洲、副司令员李人凤的率领下，从张店东侧越过铁路，冲破敌人阻截，11月底在益（都）、寿（光）、临（淄）、广（饶）四县边区与景晓村率领的中共清河地委机关会合，直插寿光清水泊地区开辟以清水泊为中心的抗日根据地，并打通与胶东根据地的联系，使清水泊地区成为嗣后向小清河以北进军的基地，初步开创了清河平原抗战的新局面。

1940年2月22日（农历正月十五），八路军山东纵队第一军区第六军分区司令员马千里率领先遣小分队从博兴县张家庄子（辛张村）一带渡过小清河，迅速进入到博兴北部。之后，马千里又返回三支队驻地清水泊，向清河地委、三支队汇报了小清河北的情况。三支队司令部旋即命令东、西两路部队迅速渡河，向小清河北进军。

东路部队由基干二营和第六军分区特务连等部组成，在马千里指挥下，从牛头镇、央上、台头一带出发，突破了国民党顽固派李寰秋、周胜芳、成建基等部在小清河两岸的堵截，从三岔、高儿港附近胜利渡过小清河，很快插到广饶、博兴北部一带。

西路部队由李曼村与韩子衡指挥，从长山县区陶塘口一带北渡小清河，进入高苑、邹平一带，与孙明光、孙健萍领导的第三支队三大队会合，控制西起高苑、东至广北的小清河与黄河之间的广大地区。

马千里（1901—1992），1931年加入中国共产党，历任中共博兴县委军事部长，中国工农红军大学教员，红军总政治部统战部干事，八路军山东纵队第三支队七团副团长、第六军分区司令员、第三旅参谋处长，渤海区剿匪指挥部指挥，华东铁路警备部队副司令，济南铁路局公安处长，铁道部第六工程局党委书记兼副局长等职。

3月1日晚，马千里率东路渡河部队指挥机关和特务连，进驻博兴县城东北21公里的东王文村休整。

日军侦察得知八路军行踪后，纠集了利津、博兴、广饶、史口、张许、玉皇堂等据点的日伪军500多人，于3月3日在日军指挥官糟谷带领下，向东王文村包围过来。在三排掩护下，司令部机关和部分群众迅速向西北转移出去。可是，大批拖儿带女的群众因行动迟缓，刚出村庄就被敌骑兵给挡了回来。第六军分区特务连连长宋振英、指导员朱志明、副连长丁连荣率领一排、二排的70多名指战员，迅速占领了村庄的南、北、东三面有利地形并立即赶修工事。群众也都自愿行动起来，帮着加修工事。很快，三面之敌全部被击退。

糟谷把溃败的日伪军聚拢在一起，连续进攻，都未进入村内。中午，日伪军再次发动进攻，双方展开激烈的巷战。八路军战士在当地群众的帮助下，利用地形优势，从村西杀到村东，从前街杀到后街，日伪军反被冲杀得七零八落。

战斗持续到傍晚，敌人因地形不熟不敢恋战，仓皇撤退。经过一天激战，三支队以少胜多，共毙伤日伪军77人。但八路军和东王文村群众也付出了血的代价，特务连连长宋振英及韩华风、宋连遐、宋会起、王成顺、胡茂亭、于象震、李世盛、于林九、王起顺、丁连泉等21名指战员光荣牺牲，3名群众被日军炸死。

东王文战斗是三支队开辟小清河北根据地的第一仗，打出了八路军的威风，鼓舞了清河平原上的广大军民，扩大了八路军在小清河北的政治影响，同时也更加增强了部队和群众战胜敌人、赢得胜利的信心。

马千里率部在博兴北部站稳脚跟后，迅速开辟了博兴抗日根据地。博兴北部与蒲台县相接壤，博兴根据地建立后，接到了王雪亭通过地下党员马运吉送来的联系信。马千里派第六军分区组织科长宋德福和马运吉一起前往蒲台县，与王雪亭联系。

当时在国民党消极抗日、积极反共的情况下，国民党山东省鲁北行署主任何思源、山东省第五行政督察专区专员兼保安司令刘景良以及国民党山东保安第十五旅旅长张景月、十六旅一团团长李青山、三团团长成建基等一面声称抗日，一面与八路军不断搞摩擦。

1940年4月5日下午，杨国夫率领三支队基干三营将屡次挑起摩擦的国民党山东保安十六旅三团成建基部500余人包围在广饶县纪家疃村。驻在佛王外线的成建基部不敢接战，仓皇渡过小清河逃窜，被围在纪家疃的顽军惊恐万状，也准备逃跑。黄昏时，八路军发起总攻，顽军拼命向北突围，当场毙伤20余人，其余在逃至小清河边时又被截击，顽军急于逃命，纷纷跳入小清河，被打死、打伤及在小清河里淹死者多达50余人。

纪家疃一战，三支队共毙伤成建基部200余人，缴获迫击炮1门、步枪170多支。这次战斗对开辟小清河以北的广北和博兴北部根据地起到了推进作用。此战之后，杨国夫率基干三营及基干一营一部，从广（饶）博（兴）边界渡过小清河，进至博兴北部的纯化镇、刘官庄一带。

杨国夫率部渡过小清河后，马千里介绍王雪亭与杨国夫见面。王雪亭接受了共产党团结抗战的主张，明确表示与八路军密切合作、共同抗日。自此以后，王雪亭与杨国夫、马千里等人多次书信往来、互通情报，共同打击日军。

三支队连战连捷，发展很快，使国民党顽固派愈加不安。他们把小清河以北当作自己的地盘，不允许八路军进入他们控制的区域活动。

1940年5月，何思源、刘景良又纠集属下薛儒华、周胜芳、成建基、朱仲山、杜孝先等部4000余人，组成“剿共联军”，兵分六路向博兴、广饶北部地区进犯，企图趁三支队在小清河北立足未稳之际将其赶走。顽军首先向三支队东路部队进攻。东路部队寡不敌众，刘官庄、纯化镇很快被顽军占领。鉴于八路军与国民党鲁北行署在形式上还保持着统一战线的关系，三支队一面做好战斗准备，一面派宣传科长张辑光前去交涉。但得到的却是极为狂妄的答复：“鲁北寸土，皆系国土；共军地盘，乃在陕北。贵军北进，破坏抗战；如愿观战，疆场相见！”对此，中共清河地委决定：坚决打退国民党顽固派的猖狂进犯。三支队中路部队和东路部队立即会合，准备反击，支队指挥所设在崔家庙。三支队针对顽军多路进攻、兵力分散的弱点，运用了避实就虚、各个击破的战术。顽军占据了刘官庄、王浩、贺家等村，三支队即在崔家庙等村组织防御，修筑了进攻出发阵地。顽军自恃兵多武器好，向崔家庙进攻。杨国夫和基干一营营长郑大林指挥部队针锋相对，打击顽军。随后，又组织小分队夜袭顽军，连续20多天，顽军昼夜不安、锐气受挫。于是，杨国夫决定集中使用兵力全线反击。一面急调李曼村、韩子衡指挥的西路部队火速东进博兴，一面命令李人凤率部队从三岔渡小清河北上，进入北户张一带断敌后路。李曼村、韩子衡指挥西路部队经一夜急行军，在天亮时赶到纯化镇以西，恰与顽军遭遇。于是，立即向顽军发起攻击，配合支队指挥所直属部队很快占领纯化镇，并来到崔家庙。与此同时，李人凤带领部队也赶来与中路部队会合，这是三支队挥师清河平原后的第一次会合。

这时，顽军又从弇儿口、北隋一带向三支队进犯。三支队立即进行还击，并一举击退顽军。

郑大林（1908—1968），河南省郑州市人。1930年参加中国工农红军，1932年加入中国共产党。历任红四军十二师特务营一连连长，红九军十二师34团连长、副营长，红四方面军后方总医院三分院政治部组织科科长，西路军供给部军事教员，抗大教育干事、一分校队长，八路军山东纵队三支队基干一营营长，山东纵队三旅九团团长，渤海军区直属团团长，山东军区警备六旅副旅长，东北民主联军六纵十七师副师长，东北野战军三纵九师师长，解放军第二十五步兵学校校长，军事体育学校校长，湖南省军区副司令员等职。

反顽战斗结束后，三支队基干一营营长郑大林带领几名伤员转移到蒲台县养伤。郑大林带着杨国夫和马千里的信函找到王雪亭，王雪亭热情接待郑大林等人，并为他们安排住处，为伤员寻医治疗。

王雪亭在蒲台担任保安九团团长时，蒲台县属国民党山东省政府第十四行政督察区管辖，行政督察专员兼保安司令是张景月，保安九团亦应属张景月管辖。但由于当时八路军山纵三支队主力长期活动在广饶、博兴、蒲台三县交界的牛庄、北隋一带，无形中将张景月驻扎的寿光和蒲台县割裂开来，使得张景月有点束手束脚、鞭长莫及。于是，第十行政督察区专员兼保安司令薛儒华便趁机将他的势力范围扩大到了蒲台、博兴一带。

薛儒华是乐陵县人，因为他的父亲与宋哲元、韩复榘是同僚，所以他从私立北平朝阳学院毕业后即回到山东济南，进入韩复榘举办的县长训练班学习，并深受韩复榘赏识。1933年10月，年仅21岁的薛儒华就担任了山东省邱县（今属河北省）县长。在邱县任职两年间，他剿灭了危害邱县西北部的张三、李永昌等土匪，组织修建了多条公路及其他交通设施，还组织编修了体例较完备、内容较全面、资料较翔实的《邱县志》，因此口碑较好。1935年，他改任当时的一等县——利津县县长。1937年12月，日军第一次侵占利津城，薛儒华率县民团大队弃城而逃，后投奔华北民众抗日救国军刘景良部。

日军侵占利津城后，于10余日后撤走。临走前从天津调来伪自治联军王振礼团驻守县城。1938年2月下旬，刘景良率部歼灭王振礼团，进驻利津城。随后，又相继攻克滨县、蒲台、阳信和惠民等县城，俘虏伪武定道尹张以朴。刘景良把司令部设在惠民县城，任命薛儒华为副司令，并任命8个旅长和3个直属团长，委派利津、滨县、蒲台、阳信、惠民、沾化、无棣、乐陵、商河、临邑、陵县、济阳、德平、德县、博兴、广饶、青城、章丘等县的县长和部分县保安团长。5月，刘景良被国民党山东省政府主席沈鸿烈委任为第五行政督察专区特派员兼保安司令。

1939年1月，日军第二次侵占利津城。刘景良所辖各部相继撤至利津县北部、东部和沾化县东部地区，经常活动在惠民、阳信、滨县一带农村。2月18日，适逢农历腊月三十，刘景良及其带领的少许部队在惠民城西被日伪军包围，刘景良身负重伤，后撤至史口一带养伤。为了抚慰刘景良，沈鸿烈将刘景良晋升为第五行政督察专区专员，同时仍兼任保安司令。

刘景良养伤期间，薛儒华乘机拉拢、利诱，拉走刘景良的两个主力团（一团侯子峰部和三团王家驹部），后被沈鸿烈任命为第十行政督察专区专员兼保安司令，辖滨县、阳信、惠民、商河、青城、高苑、桓台、长山、邹平等9个县。

在薛儒华担任刘景良部副司令时，蒲台县保安九团在名义上也属他管辖，王雪亭也算是他的下属。国民党山东省政府将山东划分为17个行政督察区后，蒲台县划归第十四区，即归十四区专员兼保安司令张景月管辖，但薛儒华仍对蒲台县的军政事务进行干预。王雪亭暗中协助李毓祯携枪通过第九团防区的事，他早已知道，对王雪亭很不放心，暗中安排人监视王雪亭的一举一动。

当薛儒华获知八路军伤病员由王雪亭安排在蒲台养伤之后，以此作为王雪亭“通共”的证据，下令通缉王雪亭。薛儒华多次派密探到蒲台搜集情报，均被九团查获。当得知九团在蒲台二区和睦张驻防时，薛儒华派其嫡系部队王家驹团远距离偷袭，被九团打败。当九团转移到西马家一带驻防时，薛儒华又集中数倍的兵力，在赵店西将九团包围，妄图一举歼灭。九团四面受敌，战斗打得很激烈。三支队得知后，急派郑大林部驰援。薛部腹背受敌，慌乱一团，很快便被击溃。

薛儒华与王雪亭两次交战失利后，并未善罢甘休。他派特务队到王家村将王雪亭的母亲刘氏、原配夫人郑树芬和儿子王洪升、女儿王慧英劫持扣押，当作人质，企图采用卑鄙伎俩，使其就范。

王雪亭针锋相对，立即采取反制措施，派人抓了薛儒华手下军官的家属。双方提出交换人质，但没有谈拢。之后，杨国夫闻讯，立即派三支队一个骑兵连到蒲台、滨县边线予以支援。骑兵连长苗冠生率部与王雪亭部配合作战，打败薛部，俘虏了薛儒华手下的部分官兵，并将顽军滨县五区头面人物周杰三的家属抢了出来，作为人质。随后，三支队用抓获的俘虏和周杰三的家属换回王雪亭的母亲、妻子和孩子。

苗冠生（1911—1997），1937年10月，参加临淄青年学生抗日志愿军训团。1938年10月，加入中国共产党。历任八路军山东纵队第三支队骑兵连长、渤海军区骑兵大队大队长、渤海军区司令部科长、解放军第二野战军骑兵司令部军政处处长、西南军区航空处参谋长、西南军区空军后勤部部长、武汉军区空军后勤部部长、国家第二汽车制造厂建设总指挥部政委、武汉军区空军司令部副参谋长等职。

共产党抗日救国的方针政策和八路军恩深义重的举动，使王雪亭深受感动，他决心与国民党彻底决裂。

1940年6月，王雪亭宣布脱离国民党，主动要求改编为八路军，接受共产党的领导，成为抗战时期山东境内第一位起义反正的国民党团级军官。

王雪亭宣布脱离国民党后，考虑到国共合作与党的统战工作，为避免国民党污蔑我军破坏统一战线，三支队司令员杨国夫与政委徐斌洲请示山东分局后决定，让王雪亭部继续保持保安九团的番号，以友军对待。实际上，这时的保安第九团已经成为我党所掌握的一支抗日武装了。八路军三支队可以公开在蒲台县活动。同时，三支队政治部副主任陈楚和民运科长齐仲华带领地方工作人员，在蒲台开展群众工作。

1940年9月，八路军山东纵队开始进行第四期整军，将所属部队整编为4个旅、4个支队和两个直属的特务团。撤销第六军分区，建立清河军区。山东纵队第三支队改编为山东纵队第三旅，许世友任旅长，刘其人任政委，杨国夫任副旅长。其后，王雪亭多次秘密前往三旅驻地接受许世友、刘其人、杨国夫等首长的指示，积极开展敌后抗日斗争。

许世友（1905—1985），河南新县人。1926年参军入伍。历任中国工农红军第四军三十一师班长、排长、营长，红四方面军第四军第十二师三十四团团长，红九军副军长兼二十五师师长，红四军副军长、军长，红四方面军骑兵司令员，八路军第一二九师第三八六旅副旅长，山东纵队第三旅旅长，八路军山东纵队参谋长，八路军胶东军区司令员，解放军华东野战军第九纵队司令员，东线兵团（后称山东兵团）司令员，山东军区副司令员、司令员，中国人民志愿军第三兵团司令员，华东军区第二副司令员，中国人民解放军副总参谋长，南京军区司令员，国防部副部长兼南京军区司令员，广州军区司令员，中央军委常委等职。

1940年冬天，日本侵略者集中兵力，在华北地区进攻中国共产党领导的解放区和八路军，同时在华南地区对国民党的进攻转入收缩状态，并加紧对蒋介石集团实施诱降。1941年1月，国民党反动派制造了震惊中外的“皖南事变”，国民党第二次反共高潮达到顶点。同时，日伪也大肆进行欺骗宣传，推行自首政策，引诱八路军地方武装或地方干部中的不坚定分子叛变投降。部分国民党部队也打着“曲线救国”的旗号陆续投敌，配合日军夹击八路军。1941年1月5日，益都朱良据点的日伪军伙同国民党顽固派徐振中部200余人，包围了益都县的抗日堡垒村东朱鹿村，制造了骇人听闻的“东朱鹿惨案”，清东地委组织部部长李寿龄、益（都）寿（光）县委组织部部长刘旭东、宣传部部长张鲁泉及干部群众20余人惨遭杀害。1月18日，广饶县日军在伪治安军李青山部1000余人配合下，包围了广饶县刘集村，益寿县委领导的六大队在突围时，教导员耿万煌及干部战士120余人牺牲。2月，八路军临淄县独立营营长王砚田叛变投敌，途经田旺庄时，王砚田下令把八路军山纵三旅派进临淄独立营的共产党员王贤臣、郑焕文、边凤山、高士元、朱德平等19人残杀在乌河官桥上，制造了“官桥惨案”。后王砚田带领追随他的一百八九十人驻守临淄城西关，被日军编为“剿共建国军临淄保安团”。同时，博兴县的国民党顽固派周胜芳也打着“曲线救国”的旗号，率部2000余人公开投降日军，被日军编为“剿共建国军第六团”。桓台县公安队队长张裕安、副队长张宇良带队叛变投敌后，带领日伪军疯狂捕杀共产党、八路军和抗日政府工作人员。广饶县的国民党山东保安十六旅三团成建基部投降日军后，驻在位于广（饶）博（兴）蒲（台）垦（利）四县交界处的三里庄，大兴土木，修筑据点。桓台县的国民党山东保安二十四旅王金生部、滨县的国民党山东保安十一团杜孝先部，虽然没有公开投敌，却暗中与日伪勾结，同共产党领导的抗日武装不断制造摩擦。

面对如此严峻形势，王雪亭忧心如焚，他立刻亲赴八路军山东纵队第三旅驻地，找到许世友、刘其人、杨国夫等首长，提出要公开接受八路军改编，以提振士气和民心。为反击国民党的反共高潮，许世友、杨国夫、刘其人等人经研究决定，接受王雪亭的意见，将王部正式改编为八路军。

1941年2月19日，国民党山东保安第九团正式改编为八路军山东纵队第三旅独立团，旅长许世友亲自主持整编大会。王雪亭任团长，相炜任政委，阎仙亭任副团长。独立团下辖三个营，一营营长徐秉彝，二营营长陈遇山，三营营长董立邦。

改编后，独立团驻在灰庄子（今博兴县吕艺镇寨里村）。适逢日伪军进行大“扫荡”，独立团首先接火，战斗十分激烈。许世友、杨国夫、刘其人等三旅领导对这支起义部队爱护有加，一接到独立团与敌交战的消息，立刻派兵增援。三旅增援部队迅速赶到，给敌以重创，并掩护独立团撤出阵地转移。转移中，独立团又在郑寨（今属博兴县吕艺镇）一带与日军遭遇，三旅增援部队再将敌人引开，独立团得以冲出包围。

1941年3月11日《群众报》相关报道

1941年3月11日，中共清河区委机关报——《群众报》在第1版刊载了题为《独立团负起抗战任务，清河区多一胜利保障——灰庄子战役后民众纷起慰劳》的报道，全文如下：

蒲台讯：本县前保安九团，坚持蒲台敌后抗战，屡创顽敌，迭获战果。近为坚决抗战到底，加强平原游击战争，已于上月19日正式改编为十八集团军三旅独立团。在庆祝独立团成立大会上，党政军民各首长均有沉痛之演说。当前目前时局严重危机之际，投降气焰极度高涨，我独立团就于这时候表现坚决反日反投降的决心，成为三旅兄弟之军，抗日阵营中凭添一支新生力量，抗战胜利又多一份保障。本县各地民众闻讯后，欢呼雀跃，纷起慰劳。又在此次灰庄子战役后，各地并成立临时募捐宣传队，情况极为热烈，闻各村慰劳捐集成绩卓著，足见民众对坚决抗战之拥护云。

蒲台县抗日民主政府首任县长

1939年5月以前，中共山东分局和八路军领导机关在山东重点抓的是党组织和军队建设，抗日游击战争有了较好的基础，但政权建设工作没有跟上去，是个薄弱环节。

1939年5月19日，中共中央书记处在《中央在关于山东工作方针的指示》中强调："在政权问题上，应认识无论八路军部队或地方游击队，如无政权则决不能发展巩固与建立根据地。因此，已得的政权决不应放弃，并还应努力争取新的县区政权。"7月1日，《山东分局关于恢复县区乡政权之指示》要求："敌人'扫荡'，县、区、乡政权破坏，各地均须按照前电，恢复抗日政权，并保证党领导。……区、乡政权恢复大部后，即召开各区代表及县级各团体代表［会议］，产生县政府。……县、区、乡长均须兼八路游击大队长、中队长及分队长职务，取得合法保障。"8月12日，山东分局《关于政权、党务等工作情况向北方局的报告》指出："政权将为山东摩擦的中心，决定坚持反摩擦，巩固已得政权，并抓紧一切机会继续取得其他政权。已取得之政权，必须坚决抗战，积极动员民众参战，实行民主，施行善政，改善民生，获得群众的拥护，在群众中建立根深蒂固的基础。"

为了建立抗日民主政权，徐向前亲自找国民党鲁苏战区总司令于学忠谈判。

于学忠不同意八路军搞政权，他说，你们抗日，就不要搞地方政权了。八路军是军队，不能搞政权，你们搞政权，我这个省政府怎么搞哇！

徐向前说，我们是抗日的军队，要搞抗日根据地，就得建立政权，发动群众。有了政权，有了群众，才好打日本鬼子。而且，不建立政权，我们没有饭吃。你们的政府，一不给我们粮款，二不给我们枪弹，连应该发给八路军的薪饷都不给，我们不搞政权怎么办？

于学忠说，各级政府要由我们委任，不经过我们任命，不能算数。

徐向前说，关键在于群众是不是拥护，我们的抗日民主政权是经群众民主选举产生的，得到群众真心实意的拥护，这是真正的民主，同你们的委任根本不同。群众不拥护的东西，委任了也没有用！

围绕政权问题，双方针锋相对，争论了两个多小时，未能取得一致意见。“因他是我们的争取对象，我在谈话中注意了掌握分寸，留有余地，求同存异，避免把关系搞僵。”

谈判回来，徐向前等人仍按自己的办法干，到处建立抗日民主政权。于学忠也睁一只眼闭一只眼，拿八路军没有办法。

根据当时的情况，共产党、八路军建立政权，一般采取两种形式：一种是公开建立抗日民主政权，这是最基本的形式；另一种是建立“两面政权”，这是在敌占区或敌我双方经常拉锯的边缘地带形成的一种秘密政权形式。

没有枪杆子就没有政权，而没有政权就没有根据地的进一步巩固和发展。清河特委和山东纵队三支队加紧建立专署、县、区抗日民主政权，明确了打仗、建政、开辟根据地三者之间的关系，作出了“边打仗、边建政”的决定。

清河特委原准备在邹平县建立抗日民主政府。1939年6月初，在刘家井子战斗中，八路军山东纵队三支队受到很大的损失，群众情绪也受到了很大影响。由于战斗发生在邹平县，这给组建邹平县抗日民主政府工作增加了困难。而在临淄地区成长起来的三支队十团，在刘家井子战斗中并没有受到损失，临淄的广大人民群众抗战情绪也未受到影响，因此，中共清河特委决定改在临淄县组建清河区第一个抗日民主政权。1939年7月6日，临淄县抗日民主政府在大夫店正式建立，选举王兴国（原名伏伯言）为县长。

1939年9月，根据中共山东分局的指示，中共清河特委改为清河地委，景晓村任书记。10月，在清河地委领导下，清河地区又建立了清河区第二个抗日政权——邹（平）长（山）县抗日民主政府，选举刘子举为县长。随后，又建立了益（都）寿（光）临（淄）广（饶）四边行政办事处，杜振东任主任。

1939年12月6日，中共中央作出《关于山东及苏鲁战区工作方针的指示》后，山东分局和八路军第一纵队及山东纵队于1940年2月29日联名发出指示，要求凡是有条件的地方应立即成立县和专区政权，并根据国民党实行宪政的许诺，在山东各地成立由我党领导的宪政促进会，团结抗日爱国人士，发动群众成立各级参议会，进行民选县长工作。

1940年3月，清河地委召开已建立抗日民主政府的各县代表联席会议，讨论建立清河区统一的民主政权等问题，研究部署开辟新区和政权建设工作。5月，清河地委组织开辟新区工作团100多名干部，分赴高苑、博兴、蒲台、广北等县，宣传党的抗日主张，发动组织群众，开展建党建政和建立群众团体等工作。

李人凤（1911—1973），原名李本厚，山东临淄人，清河、渤海抗日根据地主要创始人之一。历任临淄县立第一小学教师，临淄县第二小学校长，临淄青年学生志愿军训团教官，八路军山东人民抗日游击队第三支队第十团团长，八路军山东纵队第三支队副司令员，清河行政专员公署专员，清河区行政主任公署主任，渤海区行政主任公署副主任、代主任、主任，华东军政委员会农林水利部副部长、党组成员，华东水产管理局党委书记、局长，华东工业局党委书记、局长，全国私营工商业改造办公室主任，地方工业部轻工业部轻工业局局长、轻工业部部长助理、轻工业部造纸局副局长。

5月5日，清河区在广饶、临淄两县交界的李家璩高村（今广饶县大王镇李璩村）召开各界代表会议，选举产生清河区第一届国民参议会，景晓村为议长，孙鸣岗为副议长。在成立大会上，景晓村代表参议会指出，参议会是清河区最高权力机关，它有“选举、罢免、创制、复决”四大民权，对违反抗日方针的，参议会有权推翻、撤换。会议一致决议成立联合各抗日阶层的“三三制”政权——清河区行政专员公署，统一领导各县行政工作，公推李人凤任专员，王兴国任副专员。

民主光芒辉耀着鲁北

清河区专署成立

·公推李人凤王兴国任正副专员·

【本报特讯】清河区各界代表大会，于本月五日隆重开幕，对于开展完结，实现民主等问题均有深刻热烈之讨论，为统一领导该区各县行政工作，俾发挥更大抗战效能起见，当即一致决议成立清河区专员公署，公推声望素著之李人凤任专员，王兴国任副专员。并决定成立清河区参议会，推李兴孙鸣岗为正副议长。

【又息】清河区出席山东国大代表试选初选之代表亦已产生。民主与宪政的旗帜正在清河区平原上辉耀着！

鲁西人民代表大会开幕有期

【本报特讯】鲁西各县人民代表大会，现已筹备就绪，定本月二十五日开幕。届时除成立鲁西区参议会外，并推选出席国大代表试选复选大会代表。鲁西主任公署[illegible]主任，亦将在大会作关于民主问题之重要报告云。

《大众日报》关于清河区专署成立的报道

王雪亭率部起义后，清河区党政军领导人立刻把在蒲台县建立抗日民主政府提上议事议程。

1940年6月，王雪亭率部起义后，名义上仍然保留着国民党山东保安第九团的番号，实际上已接受了中共清河区委和八路军山东纵队三支队的领导。

1940年7月，八路军山东纵队第三支队政治部主任陈楚、民运科长齐仲华等到蒲台县一区寺后于村主持成立蒲台县抗日民主政府，并推选王雪亭任县长。

蒲台县抗日民主政府成立后，清河区党委安排刘铭三、傅光汉、王跃廷、颜汉卿四人组成党小组，到蒲台县担任县政府秘书等职，协助王雪亭开展工作。县政府任命了各科局长，民政科、财粮科科长分别由共产党员傅光汉、刘铭三担任，教育科科长阎奉之。此后，又陆续建立了公安局（局长陈祝兴）、战时邮局（局长霍芳清）、武装科（科长苏新三）、司法科（科长杨公田）。蒲台县抗日民土政府辖4个区公所，一区（旧镇）区长胡维新，二区（小营）区长马憨生，三区（乔庄）区长常万祥，四区（龙居）区长杨荣。县政府驻地在止河头、常家、焦家、河沟赵、南张家、邢家、盐坨一带乡村。

1940年10月，中共清河地委在博兴县纯化镇召开清河地区党的代表大会，正式成立了中共清河区委员会，景晓村任书记。为进一步加强党对刚刚建立的蒲台县抗日民主政府的领导，清河区党委任命王友琴为中共蒲台县委书记，王经楼为组织部部长，张力生为宣传部部长，县委组织机关对外称八路军驻蒲台办事处。10月10日，王友琴等人到达蒲台县，王友琴的对外身份是八路军驻蒲台办事处主任兼县政府秘书。由于王雪亭此时的公开身份仍是国民党党员、国民党山东省保安第九团团长，所以，八路军驻蒲台办事处（中共蒲台县委）不公开与王雪亭接触，对县府的领导是通过刘铭三等四人的党小组进行的。王友琴的身份介绍信也一直没有交给王雪亭。九团去的地方办事处不去，办事处是流动不定的，他们尽量不和县政府住在一起。

王友琴，山东省青州市段村人。1916年生，1937年参加抗日救亡工作，1938年加入中国共产党。抗日战争时期，历任村党支部书记，区委书记，中共蒲台县委书记、县大队政委。解放战争时期，历任中共渤海区四地委委员、组织部副部长、组织部代理部长，中共渤海区垦利地委委员、组织部部长。中华人民共和国成立后，历任中共渤海区委党校党委副书记，中共惠民地委委员、组织部部长，中共中央西南局组织部办公室主任、干部管理处处长，中共中央西南局农村工作部干部管理处处长，国家林业部人事司副司长、干部教育管理司司长、森林调查局局长，北京林学院党委书记。

中共蒲台县委与王雪亭领导的蒲台县政府密切配合，积极开展工作。这一时期，蒲台县的政治环境比较好，统战工作、反奸锄霸、建立发展组织等项工作开展顺利。蒲台县的4个区都陆续建立了区委，还建立了地方武装——区中队。其中，一区（旧镇）区委于1940年10月建立，书记陈笑丁，活动的地方主要是南张庄、范家、河沟赵；二区（小营）区委于1941年建立，书记王建民，活动的地方是刘王庄、大小李庄；三区（乔庄）区委于1941年春建立，书记张健，活动的地方是常庄、刘善人家、洛车里；四区（龙居）区委于1940年冬建立，书记张智慧，活动的地方是西南里村一带。

1940年12月，清河地区第二届国民参议会召开，按照山东省战时工作推行委员会的指示，将清河地区行政专员公署改为清河区行政主任公署，李人凤任主任。

1941年2月，保安九团正式改编为八路军山东纵队第三旅独立团。独立团活动于黄河两岸的蒲台、博兴一带。随后，王友琴才由共产党员常万祥带路在三教堂村见到了独立团团长兼县长的王雪亭，接上了关系，交代了工作。

当时，全国的抗战形势正面临一个严峻的时刻，日军对国民党高层及国民党军采取以“政治诱降为主，军事打击为辅”的策略，集中精力对共产党、八路军的根据地进行封锁、“扫荡”和“蚕食”，将华北地区划分为“治安区”（敌占区）、“准治安区”（游击区）和“非治安区”（抗日根据地）。对其占领区，以“清乡”为主，实施并强化基层保甲制度，镇压一切抗日活动，扩大伪组织，加强伪军事力量，同时加紧掠夺、控制和禁运经济物资，压榨劳工，对人民进行征敛搜刮，实行奴化教育，广泛进行思想文化上的麻醉和欺骗。对游击区，以“蚕食”为主，通过大量修筑公路网、碉堡群、封锁沟，制造无人区，隔断游击区和根据地的联系，并随着“蚕食”的进展，将占领区的一套做法逐步在这些地区加以推进，使之殖民化。对抗日根据地，以“扫荡”为主，实行烧光、杀光、抢光的“三光”政策，并进行普遍而严密的分割、封锁，使抗日根据地处于严重的困难之中。

1941年春至1942年底，日本侵略者在华北地区先后推行了五次“治安强化运动”。

日军在清河地区推行第一次“治安强化运动”始于1941年3月。其主要内容是：在占领区和统治区建立反共自卫团，推进保甲制，清查户口，人人照相，颁发良民证，扩大充实治安军。日军企图通过这些措施，切断抗日部队与人民群众的联系，阻止军队深入开展抗日活动。与此同时，国民党反动派依然大搞摩擦，使得清河区的抗日形势异常严峻。在日伪顽的夹击下，有些革命意志不够坚定者开始动摇，还有些投机分子纷纷改弦易辙，脱离革命阵营。刚刚起义不久的独立团面临着严峻考验。

在灰庄子反“扫荡”胜利结束后，独立团稍事休整，即回蒲台坚持敌后抗日斗争。部队回蒲台后，形势发生了很大变化。日伪在蒲一区旧镇安设了据点。时任国民党鲁北保安第十一团团长的投降派杜孝先也在芍药李安设了据点。叛变投敌的傅星堂在小街子（今属滨州市高新区）安设了据点。滨（县）、蒲（台）、高（苑）大片边区为敌伪所控制。为了应对敌人的“蚕食”，独立团采取分散活动的策略，王雪亭带领一营和县政府刘铭三等在公路以东的三区、四区活动，相炜带领二营、三营在公路以西的一区和蒲（台）高（苑）边缘地区活动。

正是在这种严峻的形势下，三旅决定将独立团集中到三旅驻地进行整训。王雪亭奉命带卫队和一营回根据地。当部队途经一营营长徐秉彝家乡时，徐秉彝率部叛逃，他把部队拉到蒲台北二区河套一带。王雪亭带领卫队和县政府的同志回到根据地，整训待命。八路军山东纵队第三旅和王雪亭多次派人去做徐秉彝的工作，想把他拉回来，但是都没有成功。后来，徐秉彝又带领队伍投靠日本人，在玉皇堂设立了据点，专门与八路军作对。

当时独立团内人心不稳，为防止二营、三营也出现同样问题，三旅决定，由独立团政委相炜把二营、三营带至三旅司令部驻地博兴县贺家一带进行整训。此时，独立团政委相炜正带着二营、三营在滨蒲边境活动。一天拂晓，伪军来袭，所幸部队早有准备未受损失。这时，杜孝先派人来拉拢陈遇山、董立邦投敌，相炜察觉后，不顾个人安危找到陈遇山、董立邦他们。杜孝先派来的人见到相炜后，假惺惺地说：“我们是老朋友，来看看。”相炜当众说：“来看看，很好！有什么意见也可以讲嘛！现在国难当头，有的人却卖国求荣、为虎作伥，置民族危亡于不顾，甘当日寇的小爬虫，到处为鬼子招兵买马，拉一些同志下水。试问：这还算中国人吗？如果说他们还是中国人的话，那也只能说他们是民族的败类！”他们被说得瞠目结舌、哑口无言，只好灰溜溜地走了。相炜转而对陈遇山等说：“上级命令我们带部队回根据地休整。”陈遇山却推脱说：“战士们思想不通，不愿回根据地。”相炜说：“那不要紧，战士的工作我来做。”随即召开官兵大会，对大家晓以大义，以自己作为一个东北人的亲身感受，叙及沦亡之苦，只有抗日的道路，才有光明前途。他说：“大家同意抗日的，都到村东边集合。”结果，士兵都表示：“愿跟政委走！”终于将部队带回根据地。但是，几天后，陈遇山、董立邦还是借压马为名逃跑了。

相炜（1917—1993），辽宁省营口市人。1937年12月加入中国共产党。历任中共博兴县委军事部部长，中共广饶县委书记、县游击大队政治教导员，中共博兴县委书记兼游击大队大队长，临淄县独立营政委，八路军山东纵队第三旅独立团政委，中共清河区委统战部部长兼秘书长，中共清东地委副书记，渤海军区政治部敌工科长，中共渤海区天津工委书记，渤海军区回民支队政委，东北民主联军第七师十九旅政治部主任、警卫团政委，东北野战军第六纵队十七师政治部主任，东北人民解放军第四十三军一二八师政治部主任，第四野战军第十五兵团第四十三军一二八师副政委、政委，广州军区政治部主任，军事科学院政治部主任、副政委等职。

为了防止全团叛变，三旅决定撤销独立团番号，把二营、三营解散，愿意继续抗日的留下，不愿意继续抗日的放下武器回家。在当时的情况下，独立团战士主要有三种情况，一是愿意留下继续参加八路军的，被编入三旅其他部队；二是不愿意继续抗日的，放下武器，遣散回家；三是有一部分仍然想抗日，但不愿意离开家乡，三旅和中共蒲台县委便决定组建蒲台县大队，将这部分人重新组织起来，任命刘铭三为大队长，王友琴兼任政委。原独立团政委相炜调任中共清河区委统战部部长。

独立团被撤销番号以后，王雪亭内心异常痛苦，他觉得对不起许世友、杨国夫等首长的信任，甚至几次想要自杀。杨国夫和夫人张岚亲自登门，与王雪亭推心置腹地谈心，安慰他，劝解他。杨国夫告诉他，如果你自杀，那么你曾经的那些部下就更会乱，即便是留在三旅的那些人，也会人心惶惶，所以，你必须要活着，还必须要继续为抗日作出贡献。王雪亭深受感动，为了安抚人心，唤起军民团结抗战的热情，1941年3月26日，王雪亭亲笔写下了诚挚感人的《告蒲台同胞书》："整编之后，三旅训勉有嘉；雪亭即遵所示努力工作，但我才能浅薄，领导无方。（部队）又于3月20日前后分崩离析，自相瓦解，歧途彷徨，无法收拾。查此一而再、再而三事变，我为负责人实不能稍辞其咎。事变发生之后，雪亭彷徨于十字路口，迷失方向，无所措手足。当经三旅再三训示，雪亭如猛然醒悟，以抗战为重，以教民为先。我乃负荆请罪，将所带武装交上级整训。雪亭深夜三思，过去本职所带部队对抗战卫土无显著功绩，对地方不无扰乱之处，实乃惭愧之至。乃追念上级对我栽培宽大，准予另行分配工作。望我过去部队、家属、父老兄弟，勿听奸人造谣，仍本以往抗战意志，与敌伪投降派奋斗到底。对此，唯恐父老不明真相，特此声明。"

日伪推行"治安强化运动"后，蒲台县抗日民主政府的工作也遇到了极大的困难。王雪亭与蒲台县委密切配合，积极开展抗日工作，在条件异常艰苦、环境极为恶劣的情况下，他不顾个人安危，尽全力完成上级交给的任务。

1941年7月，王雪亭不再担任蒲台县抗日民主政府县长，蒲台县政府党小组负责人、财粮科科长刘铭三接任县长。同年冬，王雪亭调八路军清河军区政治部任统战室主任。

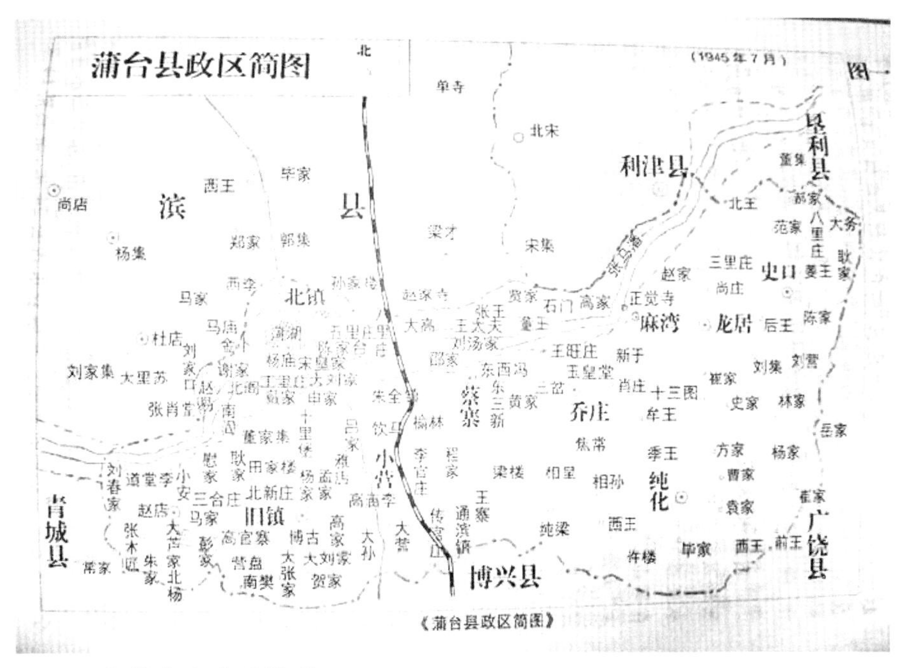

1945年蒲台县政区简图

1945年6月10日，八路军渤海军区主力部队解放了蒲台县城。1945年9月，蒲台县抗日民主政府改为蒲台县人民政府。

1956年3月，撤销蒲台县，其黄河以北属地城镇区划并于滨县，黄河以南属地小营、史口、乔庄、龙居、蔡寨5个区划并于博兴县。

1982年11月，东营市成立。原属惠民地区博兴县乔庄公社的王家大队划归东营市牛庄区。1987年7月，牛庄区与东营区合并，王家村属东营市东营区龙居乡（2001年改称龙居镇）。

垦利县抗日民主政府首任县长

八路军北渡小清河后，在巩固了以清水泊为中心的小清河南根据地的基础上，又迅速开辟了以博兴、广北为中心的小清河北根据地和以高苑、青城为中心的清西根据地，清河区抗日根据地取得重大发展。但是，日伪也加紧了对清河平原根据地的进攻。特别是太平洋战争爆发后，日军以华北为后方基地，为确保“无后顾之忧”，频繁“扫荡”和“蚕食”清河根据地，妄图一举扑灭清河根据地的抗日烽火。在这种形势下，清河区党委、八路军山东纵队第三旅既要保卫和巩固已开辟的根据地，又要完成向黄河以北发展、打通与冀鲁边区联系的任务，实现第三步战略目标，因此，清河区党政军领导人便将战略眼光投向了黄河入海口处的垦区。

垦区是个特定的历史名称，其由来始于1936年4月国民党山东省政府在利津县八大组（今垦利区永安镇）设立的“垦区筹备处”，范围主要包括黄河入海口两岸的广饶、沾化、无棣、利津等县的滨海淤荒地区，南北、东西均50余千米。垦区地处偏僻，荆荒遍野，海沟、河汊纵横，交通极为不便，但对共产党、八路军而言，凭借天然屏障的掩护，这里既可大量安置学校、医院、兵工厂、银行等后方机关，也可大批安置敌占区、游击区的抗属、工属及干部家属和烈士子女等，同时又可为部队提供大量军需，是部队休养生息的理想安全之地。

1941年1月8日，山纵三旅九团团长赵寄舟、政委岳拙园奉命率二、三营首先由广北进军垦区，插入垦区重镇八大组。当时的八大组由国民党地方武装占据着，驻有一个联庄会、一个保安队，共60余人。当晚，八路军包围了八大组，在强大军事压力和政治攻势下，联庄会、保安队被迫缴械投降。接着，九团又乘胜向下八大组（今垦利区永安镇下镇村）及民丰社一带进军，解放了以八大组为中心的大片地区。长期麇集于此地的土匪、海盗等闻风而逃。但不久，由于三旅旅长许世友奉命率领清河独立团赴胶东参加反击顽固派赵保原的战役，深入开辟垦区根据地的计划暂时停止。

1941年7月底，胶东反顽战役胜利结束后，许世友率部返回清河区党委机关驻地北隋、牛庄一带。经过短期休整之后，清河区党委及三旅指挥部决定，继续实施开辟垦区的战略部署。8月，清河区党委在广北县六户村召开了进军垦区动员大会。会后，清河区党委及三旅政治部分别抽调地方和军队干部组成垦区工作团（队）。一是由李明村、王征南任正副团长的区党委工作团，二是由山东分局鲁南党校毕业学员组成的由张浩、宋德甫分任正副团长的三旅工作团，三是由区党委群团干部训练班学员组成的由刘群、张应举分任正副队长的垦区工作大队，于8月26日，随三旅指挥机关、主力部队及行署领导机关一起进军垦区。

为加强对垦区各项工作的领导，9月，中共清河区党委决定，成立中共垦区工作委员会，由李明村任工委书记，张浩任组织部部长，宋鲁源任宣传部部长，王铭九任工委委员。同时，在八大组建立了垦区的临时政权机构——垦区建设委员会，任命当地开明爱国民主人士刘翰卿任建设委员会主任、李明村兼任副主任。垦区建设委员会下设秘书、民政、武装、教育、财粮、建设6个股。

李明村（1914—1991），山东益都人，1937年12月参加革命，1938年2月加入中国共产党。历任中共临淄县委青委会书记、垦区工委书记、阳信县委宣传部部长等职。1949年随军南下，先后任四川开县县委书记、万县地委组织部部长、四川省委农工部处长、省纪委常委等职。

10月3日，八路军山东纵队第三旅攻克国民党顽固派盘踞的义和庄，并相继攻下老鸹嘴、太平镇等据点，顽军残部仓皇逃跑，三旅控制了垦区、利津北部和沾化东部广大地区，创建了垦区抗日根据地。

1942年1月9日至11日，垦区行政委员会选举大会在杨家嘴召开。会议选举产生25人组成的垦区行政委员会，清河区各界抗日救国联合会会长刘群、中共垦区工委书记李明村分别当选为正副主任委员。垦区行政委员会下设秘书科、民政科、土地局、战时邮局、经建科。4月，垦区行政委员会主任刘群因为清河区各救总会事务繁忙，无法兼顾垦区行政委员会工作，向清河区行政主任公署和垦区行政委员会执行委员会提出辞职，后经垦区行政委员会选举王雪亭代理垦区行政委员会主任。4月11日，王雪亭正式到任开展工作。《群众报》专门刊发了题为《王雪亭先生继任垦区主任》的报道：

群众社讯：垦区行政委员会已经成立了将近四个月，在这一个短的时期里，垦区在各方面都收到了很大的成绩，如区、村政权都经过了改造，社会秩序也日趋稳定。现在垦区行政委员会主任刘群先生，因为清河区各救总会事务繁忙，对于领导垦区行政委员会事实上不能兼任并顾，已向主任公署及垦区行政委员会执行委员会提出辞职。现在已经垦区行政委员会通过推选王雪亭先生继任主任，并于4月11日正式到会视事。

王雪亭代理垦区行政委员会主任后，与兼任垦区行政委员会副主任的中共垦区工委书记李明村一起领导垦区军民加强垦区各项建设。此后不久，李明村患了比较严重的头疼病，组织安排他脱产休养，于廉东暂时代理工委书记，王雪亭又与于廉东密切配合，积极推进垦区的各项工作。

王雪亭先生

繼任墾區主任

《群众报》关于王雪亭任垦区主任的报道

1942年6月，中共清河区委安排杨世保与向旭到垦区工作。清河区委组织部部长苏杰找杨世保和向旭谈话，告诉他们，垦区是清河区抗日根据地的后方，是八路军休养生息的地方，要继续加强垦区根据地的建设，加强对垦区工委的干部配备，所以区党委决定派他们一起到垦区工委工作，并决定将垦区工委改建为垦利县委。6月中旬，杨世保与向旭到达八大组，随即又赶到垦区工委驻地杨家嘴，并很快办理工作交接。垦区代理书记于廉东与宣传部部长宋鲁源调往清河区党委工作。

1942年8月，垦区参议会选举刘翰卿、刘慈符、孙公、由子真、杨世保、李竹平、荆泽庆、牛林泉、朱范芳、夏戎、王雪亭、张缉光等45人为垦区参议会议员，又推选刘翰卿、李人凤、鲁震、夏戎、王雪亭、刘慈符6人为清河区参议会议员。20日下午，选举王雪亭、于廉东、牛林泉、曹峰、李竹平、刘震东、由子真、杨世保等9人为垦区行政委员会委员，推选王雪亭、于廉东为正副主任。1942年8月30日《群众报》

墾區參議會正式成立

共產黨員少於三分之一

王雪亭于廉東爲行政委員會正副主任

（群眾社墾區訊）墾區參議會於八月十三日正式開幕。到會各區村代表男女七十五名、清河參議會，主署，中共清河區黨委，清河八路軍，農救會，抗協代表及名流士紳共九十餘人，會場遍貼標語，標幟，代表及來賓依次入座，全場情緒至為熱烈。開幕後通過范明樞，黎玉，景曉村，李植庭等九人為名譽主席團，劉翰卿，孫公，王雪亭，楊世保，劉慈符，向旭，李竹年，劉震東，田子真等九人為大會主席團，主席報告開會意義後，中共清河區黨委代表夏戎同志繼起演說，號召與選的共產黨員認真實行「三三」制，要躬身實踐，多選各黨各派的群眾領袖到參議會去，並說明有些幼稚黨員和某些黨外人士有些偏見是要雙方堅決克服的。李主任講話說明這樣選舉參議員的大會在墾區是空前的，他將使我們今後能真正享受徹底民主政治的權利，劉慈符，孫公為副議長，劉翰卿，李人鳳，曾震，夏戎，王雪亭，劉慈符六人為清河區參議會議員。其中夏戎，張輯光等十人為共產黨參議員，少於三分之一。完全保證三三制之執行。下午改選行政委員會，結果，王雪亭，于廉東，牛林泉，曾[illegible]峰，李竹年，劉震東，田子真，楊世保等九人為委員，並推王雪亭，于廉東為正副主任。（旭）

1942年8月30日《群众报》第1版

第1版刊发了题为《垦区参议会正式成立——共产党员少于三分之一、王雪亭于廉东为行政委员会正副主任》的报道。

中共垦利县委成立后，由杨世保任县委书记，张浩任组织部部长，向旭任宣传部部长，孙公任民运部部长兼各救会会长。原垦区工委书记李明村因病住院，直到年底才回到机关参加县委活动，担任统战部部长。后来，又增加了公安局局长王梅亭（王卓）为县委委员，任社会部部长。为便于开展抗日工作和反击日、伪军的频繁“扫荡”，县委机关没有固定办公地点，主要流动于朱家屋子、杨家嘴、宋家院和黄家油坊等政治基础比较好的村庄。

杨世保（1908—1966），原名杨玉德，1938年6月，加入中国共产党。历任中共益（都）寿（光）临（淄）广（饶）四边县委组织干事、分区区委书记、组织部副部长，中共博兴县委组织部部长，中共益寿县委书记，中共垦利县委书记、副书记兼垦利大队政治委员，渤海区第四专区被服厂厂长，山东省黄河河务局合作社经理，济南市西郊公社党委副书记。

王雪亭带领垦区行政委员会的刘振东、李祯民、齐建国、王锐夫、韩连祯、刘慈符、巩若愚、刘岱东、焦月如等干部，密切配合工委、县委，一起领导了垦区、垦利县的党政军群各项工作的开展。

加强基层党组织和基层政权建设。早在1941年11月，垦区工委就将垦区划分为5个区，建立了一至五区党的委员会。同时，建立了5个区公所。一区驻八大组，二区驻朱家屋子（后驻黄家油坊），三区驻罗镇，四区驻汀河，五区驻民丰社。1942年冬，垦区区划调整，又新建六区、七区两个区，成立了六区、七区区委、区公所。六区驻朱家屋子，七区驻杨家河。

全面开展村级抗日民主政权建设。原来没有村政权的，予以建立；原来建有村政权的，予以改造或重建。无论新建或改建、重建，均实行村民普选，普选实行“三三制”（即共产党员、非党派进步分子和中间分子各占三分之一），由选出的人员组成村政委员会，共同管理村政，并选出一名村长对村政负总责。

在加强基层党组织和基层政权建设的同时，还建立了职救会、农救会、妇救会、青救会等群众组织。职救会负责人张思路（张景村），农救会负责人孙公（兼），妇救会负责人李竹平、王钢锋，青救会负责人王志彦（后来是李廉青），工会负责人张思路（张景村）。

垦区各级抗日民主政权的普遍建立，对于利用政权力量推动各项抗战工作开展、保卫人民群众的利益、建立和维护抗日秩序、组织发展生产、改善人民生活、推行各项抗日政策、发动各阶层共同抗日救国、发展抗日根据地内的经济文化教育等项建设、坚持平原抗日游击战争、增强人民抗战信心等，有着重要的意义。

在根据地建设中，搞好垦区土地调查摸底、清丈测算工作和移民安垦工作，成为头等重要的工作。

垦区解放前，社会秩序混乱，土匪横行，地主持有政治经济大权，依靠旧官府的支持，以“地棍”和土匪为爪牙，以顽军为护符，横占土地，鱼肉人民，租佃关系混乱，地权混乱不清，有所谓民地（红契）、所有权地、照地（无所有权，但有老照）、公地（有主、无主两种）、计口授田（无契），以至有契无地、有地无契、地照不符、黑地等现象十分严重。更有所谓司照、省照、县照、承垦单、皂地、承垦证书、试垦证书、所有权证书、迁移照、飞照等，土地纠纷成为一个最复杂的问题，再加上饮水困难，垦区难以居留，因而许多荒地无人开垦。

垦区解放后，相邻各县的难民、灾民及敌占区的抗属、工属等大量流入垦区。垦区老户急盼澄清地权，新来垦户更盼政府分给土地。同时，小清河南各抗日根据地几乎全部被日伪"蚕食""分割"，抗日军民生存面临严重困难，急需各种物资支援。因此，尽快搞好安垦，就成为垦区一项迫在眉睫的任务。

垦区建设委员会成立后，立即成立了以李连升为队长的垦区土地清丈队。清丈队的任务是迅速搞好垦区土地的摸底调查、清丈测算工作。对此，清河区行署还专门颁布了《垦区土地整理暂行方案》及《垦区公田垦殖暂行办法》。1942年2月，垦区建设委员会土地局成立，由刘季青任局长，崔光进任副局长，下设一、三分局。一分局设在一区八大组，局长张方春，主要负责管理八大组至朱家屋子一带的土地。三分局设在三区罗镇，局长高亭，主要负责管理老爷庙至肖神庙、二八间一带的土地。由于当时战争环境及条件的限制，土地局没有固定的办公地点及场所，全部文件和账簿都包在一个包袱里，扎在土地局干部的腰上，走到哪里带到哪里。土地局的任务是在当地区、村政权的协助下，办理土地陈报，调解土地纠纷，保护人民的地权，代管逃亡地主的土地，搞好土地清丈及公田、公荒的合理分配。

经过一段时间的紧张工作，1942年6月，清河行署在八大组召开了垦区土地工作会议，行署主任李人凤在会上作了《垦区土地问题》的重要报告。报告全面分析了垦区土地问题的历史与现状、新区老区的不同特点，提出了垦区土地分配政策和组织安垦办法。为了清除垦区土地混乱的根源，清河区参议会对垦区土地作出以下新规定：一、有红契（完粮升科者）即承认其所有权；二、凭有老照（包括司照、省照、县照）经邻至年长人证明，确为其经营者，承认其所有权；三、持所有权证书者，承认其所有权；四、凭有计口授田（民国24年鲁西移民）之根据，而无上述文类者，则按一户30亩（官亩）承认其所有权；五、在清丈土地中，除按文契规定的数目外，所有丈余土地另作处理。

由于各级抗日民主政府的重视，又根据垦区的实际制定了合理的政策，广大土地工作者兢兢业业地工作，在不长的时间内，对垦区的公田、私田、生荒、熟荒均作了合理分配和妥善处理。为鼓励垦殖，将公田无代价分给农民（抗属、工属、难民、灾民有优先权），取消各项苛捐杂税，公粮田赋减半缴纳。为解决眼前的生产困难，政府对贫苦农民实行贷粮、贷种、贷款。因此，人民的生产积极性空前提高，乐意在垦区安家落户。同时，大批从敌占区逃来的同胞得以各安其所、各就其业。

在土地政策上，垦区正确贯彻执行了中共中央保障各阶层地权的方针。所以，不仅贫民难民都获得了土地，即使逃亡地主的土地，曾反对过共产党、八路军的一些分子的土地，均保障其所有权。有代管人者自行代管，无代管人者由政府代管，何时返回何时归还，秋收后通知其前来领取地租。1941年秋收后，经政府代管前来领取地租者有18户，共收取地租400余石，其中济南某巨商曾来函向政府致谢。有数家地主领取地租后，对抗日政府感激万分。

行之有效的安垦政策实施后，广大群众愿意在垦区安家落户，前来垦区垦荒或定居者数量骤增。据不完全统计，在1941年7月至1942年5月不满一年的时间内，仅垦一区、垦二区就新增移民达4000户。1943

年与1941年相比，垦区耕地增长了4倍，其中开生荒25万亩，代管顽固派44户土地82段，计25611.9亩，安置垦民1405户；代管逃亡地主47户土地69段，计14646.9亩，安置垦民953户；清丈并出租公田68段，计45639.8亩，安置租户2183户；清丈并出租学田29段，计21063.24亩，安置租户1659户。以上共计土地248段、106961.84亩，安置垦户6200户，连同开荒者1665户在内，共安置垦户7865户。建立了39个新村，计1964户、25617人，共计土地95894亩。救济灾民、难民达10万人以上。贷粮贷种886.3石，贷款132856元。1942年至1945年，垦区共安置垦户23617户，109985人，安置土地448155亩，并全部废除了旧契，换发了新契。由于耕地面积大量增加，人们的生产热情空前高涨，1941年秋，就取得了抗战以来前所未有的大丰收。从此以后，不仅垦区人民大部分达到了丰衣足食，还为清河区党政机关及部队提供了军需及抗战经费，并将生产的大量粮食支援了胶东、鲁南等抗日根据地。

1942年，日伪对清河区抗日根据地进行了疯狂的“扫荡”和“蚕食”，小清河以南的根据地几乎全部陷入敌手，小清河北、黄河以南的抗日根据地也遭到了很大的破坏。在这种情况下，清河区的党、政、军领导机关及清河军区后勤处、北海银行、清河行署医院、清河军区后方医院、《群众报》社、耀南剧团社、耀南中学等机关单位相继迁入垦区。

垦区八大组一带北依黄河口，东邻渤海，荆荒遍野、河沟纵横、交通不便、易于隐蔽、易守能攻，是安置后方机关和开展游击战争的好地方。但是，这里的生活条件却是异常艰苦。当地民谣：“向南向南再向南，小米煎饼水甘甜；向北向北再向北，吃草种子喝湾水。”人们吃的是黄须菜种子和高粱面做成的饼子，又硬又苦，能够吃上一顿野绿豆做的饭就算是改善生活了。更艰苦的是没有水喝，吃水都是在地下挖一个土井子，等水慢慢地渗出来再用瓢舀上来，水里含有大量的泥沙，很浑浊，用桶挑回去得等上好半天，等泥沙沉淀下去后才能用。即便是这样的水，也还得排队挨号。对此，王雪亭看在眼里，急在心上。他日夜操劳，为各个机关找房子、安排住处，还要帮助他们解决生活上的困难。

1942年秋天，垦区农业大丰收，垦区农民踊跃交公粮支援抗战，各机关和部队的生活也有了一定的改善。王雪亭的付出终于见到了效果，他的脸上挂满了笑容。为进一步调动广大人民群众的生产积极性，1942年初冬，中共垦利县委和垦区行政委员会在二道岭召开劳模表彰大会，丁丹桂、张富儒等一批劳模受奖。1943年3月，县委和行政委员会在朱家屋子召开春季生产总结会议，清河区行署主任李人凤等参加会议。会议就组织群众生产的十几种形式总结经验，解决了“生产要不要领导”的问题，发出“组织起来”“自己动手，丰衣足食”的号召，垦区的大生产运动蓬勃开展起来。

为了保卫垦区根据地，垦区加强了地方武装的建设。

1941年9月，三旅七团曾派员在垦区朱家屋子、皂坝头、苟家屋子一带组建地方武装，相继成立了黄河中队、利北中队和青年中队。其中，黄河中队共30余人，队长牟立志，指导员侯召清，主要活动在皂坝头一带；利北中队也是30余人，队长孙惠礼，指导员田德，主要活动在宋家院等村；青年中队共20余人，队长马宪亭，主要活动在苟家屋子一带。另外，山东纵队一旅三团还曾派马佩珠、黄震、刘子甫等在垦区黄家油坊、西双河一带组织建立过一支约30人的抗日队伍。

1942年2月，按照清河军区的命令，各地方武装进行整编，黄河中队、利北中队、青年中队及由马佩珠、黄震等拉起的队伍统一整编为垦区大队，大队长张孝屏，副大队长赵华川，教导员由子真，特派员黄震，军需田德。垦区大队下设3个中队：一中队队长马佩珠、指导员刘子甫；二中队队长王钦典、指导员徐文；三中队队长马宪亭、指导员段学贤，全大队共172人，有长枪115支、短枪12支。1942年6月，垦区大队改建为垦利县大队，张孝屏任大队长、杨世保任政委。

1943年1月，清河区行署就当前政府工作发布指示，要求发展人民武装，开展军事性、分散性的武装斗争，整顿扩大县区游击队，促进地方武装升级主力部队。2月，清河区建立人民武装委员会，傅健吾任主任。3月，垦利县在垦六区二道岭村召开县武装委员会成立大会，选举韩连祯为垦利县武委会主任，齐光熙为副主任。在县武委会领导下，各区也都成立了区中队，人数一般在30人左右。

垦区地处渤海湾沿岸中段，水上交通运输非常重要。1941年10月，垦区海防中队在毕家成立，李凤翔任队长兼指导员、隋学文任副队长、郭学琴任副指导员。海防中队始建时，全队30余人，后扩至60余人，设4个班，主要活动在垦区北部沿海老爷庙一带。1942年夏，海防中队在垦区北部渤海湾缴获日军货轮1艘。为打破日伪对清河区的海上封锁，加强沿海地区军事力量，清河军区于1942年10月统一整编各地海防部队，建立了清河区海防大队，李伯钧任大队长、常国兴任政委、巴殿阳任副大队长，原垦区海防中队被编为海防大队第二中队。海防大队的建立，对开展海上对敌斗争、剿灭海匪、保卫海防、保护渔民生产和抗日民主政府的税收及经济贸易、购买军事物资、维护清河区和冀鲁边区的海上交通、巩固发展沿海根据地、开展反“扫荡”斗争，都发挥了重要作用。

根据抗战形势需要，清河军区所属各军分区都兼设独立团，各县根据实际分别建立了县大队、独立营或独立团等。1942年8月，清河军区直属团四营、沾化县大队、垦区大队及沾利滨大队合编组成清河军区垦区独立团，原清河军区直属团副团长杨信任团长、张辑光兼任政委。独立团主要活动于利津县北部地区和沾化县南部、滨县北部的敌占区、游击区，主要任务是打击日伪顽势力、寻机歼灭敌人、攻打日伪据点。

1943年5月，朱志明带垦区独立团一个主力连队与垦利县大队合并，成立垦利县独立营，朱志明任营长、张孝屏任副营长、由子真任协理员、县委书记王林兼任政委、特派员黄震、军需田德。独立营下设3个连队：一连连长张光友，副连长宋家烈，指导员王子勤；二连连长马佩珠，副连长段学贤，指导员郭士彬；三连连长王春林（后由孙贻庚接任），副连长王钦典（后逃跑），指导员宫保安。全营共300余人，主要活动在利津县二、三、四区的敌占区和游击区。10月，朱志明调任清河军区特务营营长，并带走垦利县独立营一连。之后，张伯令从沾化县独立营调任垦利县独立营营长，并带来一个连，仍为独立营一连。

在垦区工委、县委和垦区行政委员会、县政府的领导下，垦区独立团、县独立营、县大队与各区中队及各村民兵武装密切配合，互相支援，维持地方治安、锄奸反霸、清剿匪特和配合主力部队反“扫荡”，在参军、支前等方面都发挥了重要作用，立下了不可磨灭的功勋。1942年8月14日，日伪军6000余人分东西两路进犯垦区，军区直属团和垦区大队与敌苦战数日，共毙敌500余人，缴获枪械200余支（件），一举粉碎了敌人的“蚕食”计划。1944年2月，王兆湘、徐斌洲指挥垦区独立团特务连及沾利滨独立营、利津县大队，一举歼灭国民党顽固派赵忠顺部骑兵营和步兵营大部。

1943年4月22日，垦区行政委员会奉清河区行政主任公署命令，改称为垦利县抗日民主政府，选举王雪亭为县长、李伯衡（石青）为副县长，县政府下设秘书科、民政科、武装科、文教科、财粮科、土地局、战时邮局、公安局、农林局、工商局、商会。

王雪亭就任县长之后，面临的第一个考验就是蝗虫灾害。5月，从朱家屋子往东沿黄河两岸，发现大面积蝗蝻灾害。最初发现是在草荒里，蝗蝻吃了嫩草芽生长得很快，十来天就蜕两次皮，蔓延面积不断扩大，三区、七区、一区、五区都先后发现。这时的高粱苗刚生出三四个叶片，面临蝗虫威胁，必须尽快消灭，保护春苗。为此，清河区行署组织了垦区灭蝗指挥部，行署主任李人凤亲任指挥，1943年4月改任垦利县委副书记的杨世保与县长王雪亭担任副指挥。县委把灭蝗作为压倒一切工作的重心，动员县区干部带领广大群众齐上阵，编成大队、中队、分队系列组织，实行统一指挥，划分地区进行扑打，互通情报，相互支援。在灭蝗战斗中，发挥了干部群众的聪明才智，创造了许多灭蝗战术，有围剿聚歼、分割封锁（挖沟）、各个击破，有扑打、火攻、土埋等办法，历经一个多月，于7月取得灭蝗胜利。最后，李人凤总结的灭蝗经验是，“三打”，即“打小、打早、打了”。此经验也成为以后几年灭蝗工作的重要指导方针。第二年的5月，垦利县再次发生蝗灾，王雪亭与县委、县政府一起带领全县人民投入灭蝗战斗，采取上一年刚刚总结出的“三打”经验，在蝗虫灾害初期就进行彻底地消灭，取得重大胜利。中共中央山东分局副书记黎玉称赞：这是一个功在华北的成绩。

于廉东（1907—1960），山东临淄人，1937年参加革命，1938年2月加入中国共产党。历任临淄一区组织科长、广饶三区组织科长、清河区党委工作团长、垦区建设委员会副主任、垦区工委代理书记、清河区行署医院指导员、惠民专区建筑委员会主任、惠民专署林业局局长。

为扩大共产党的影响，团结和争取一切抗日力量，坚定各阶层人民抗战必胜的信念，1943年6月，王雪亭在三区胥家村主持召开了有34名开明士绅和进步人士参加的统战会议，并亲自作了抗战形势和任务的报告，还专门邀请在华日人反战同盟清河区分支部的木村、铃木二位日本人向大家介绍了日本国内的政治经济危机和人民反战情况，使与会者深受教育。此后，不少地方开明士绅、进步人士积极参加抗战工作，有的还成为宣传支持抗日的骨干。

垦区根据地的建立，使清河区抗战有了一个稳固可靠的后方，缓解了物资供应的困难，同时也为胶东、鲁南等抗日根据地提供了物资支援，打通了清河区与冀鲁边区的联系。

1943年，清河区的抗日游击战更为艰苦，抗日军民全年都处于反“扫荡”、反“蚕食”、反“清剿”的残酷斗争中。

1943年1月，日伪军纠集12000余人，配以汽车200余辆、飞机4架，从西、南两线开始向广北、垦区、沾东地区进行“扫荡”，妄图一举摧毁清河区党、政、军领导机关，消灭八路军主力部队。10日夜，驻利津城的日伪军6000余人，出动24辆汽车，向垦区扑来，到了陈庄又增配100余辆大车，于11日拂晓，分路向八大组“包剿”。上午11时，敌机1架在八大组上空盘旋，投弹6枚，并低空侦察飞去，当夜该敌宿于八大组。另一路日伪军1000余人，乘45辆汽车，于11日由利津城直扑而来，当夜宿于左家庄、朱家屋子一带。因清河区主力部队和后方机关早已安全转移，两股敌人扑空后，于12日午时开始撤退。由蒲台县城方面而来敌人600余兵力，在合击广北大宋、小宋村扑空后，迅即向八大组扑来，并于12日午后进抵八大组，发现其他合击之敌已撤退，又随即返回。13日晨（腊月初八）敌人突然合击国民党保安七团张家麟部。在东张、宁家村黄河滩里将七团击溃，俘虏团长张家麟。并在东张村集体枪杀了农民刘马、刘栓、张根等18人。日伪消灭保安七团后，即在其防地利津二、四区宋家庄、崔家庄和官庄设立据点，以此作为“蚕食”垦区根据地的支点。此次“扫荡”，敌人采取奔袭合围和“紧拉网、慢收网”的战术，抗日军民则利用茫茫荆林与纵横交错的抗日沟[①]，灵活机动地与敌周旋，挫败了敌人的阴谋。至16日，历时6天的日伪大“扫荡”终以失败而告结束。

4月21日，日军又纠集2万人，在飞机、舰艇的配合下，南起小清河、北至黄河，西起博（兴）蒲（台）公路、东至渤海湾，形成500余华里的拉网式大“扫荡”。23日，日伪5000余人合围垦区八大组，梳篦式向海边压来，反复“拉网”，往返“梳篦”，实行野蛮的烧光、杀光、抢光“三光”政策，所到之处黑烟弥漫、火光冲天，尸体随地可见，牲畜宰杀殆尽，不少人民群众惨死在敌人屠刀之下。仅周家一个村就有14名青年被残杀，3人被烧死，粮食、财物被抢掠一空。为粉碎敌人的“扫荡”，清河区内外线部队协同作战，地方武装和主力部队统一行动，根据地军民空舍清野，采取游击战术，避实击虚，英勇战斗，内外策应，与敌人周旋，胜利地粉碎了敌人的这次“扫荡”。

1943年9月10日，山东军区向清河军区发出指示：“战役性的反‘蚕食’斗争应暂告一段落，要分散配合地方工作，巩固胜利，以隐蔽斗争为主，加强政治攻势，准备反‘扫荡’”。清河军区在夏季反“蚕食”战役结束后，原本打算休整两个月，但分析认为敌人肯定不甘心失败，必然会在冬季进行报复性的大扫荡。11月9日，日军开始“扫荡”鲁中抗日根据地。清河军区得到的情报显示，日军“扫荡”鲁中根据地的1万余人是从临沂、蒙阴、莱芜、临朐、沂水等地调动的，但他们集结在益都、张店的部队却按兵不动。因此，日军极有可能再次“扫荡”清河区，党政军民必须立即部署开展反“扫荡”战备工作。

11月18日，日军驻华北派遣军总司令冈村宁次亲自策划，调集日

① 抗日沟：抗日战争时期，鲁北平原军民为躲避日伪军飞机扫射、探照灯照射等挖掘的用来藏身转移的沟道。

军第七混成旅团和第三十二、五十九旅团以及第四、第五旅团各一部和多地伪军，总计2.6万人，由日军第十二军团长喜多诚一坐镇济南督战，独立第七混成旅团长秋山义隆在利津指挥，配以飞机10余架、坦克10余辆、汽车900余辆、军舰2艘、汽艇12艘，采用长途奔袭、分进合击、拉网合围的战术，对以广北和垦区为中心的清河区抗日根据地进行了空前规模的大“扫荡”。当时，清河军区司令部机关和主力部队驻扎在培李、木李、北隋、牛庄一带。11月18日拂晓，日伪军以骑兵为前驱，向清河区党政军机关驻地包围过来。杨国夫命令直属团三营阻击敌人，司令部和主力部队则利用抗日沟在敌人合围前跳出包围圈，迅速转移到沙营、六户、辛镇一带。下午，敌人又追踪而至。此时，杨国夫与政委景晓村等决定在此一战，坚持到天黑突围。八路军迅速构筑工事，利用抗日沟作掩护，一连打退了日军第四旅团骑兵的两次进攻。天黑以后，八路军从辛镇西北转移出去。当夜，杨国夫命令部队化整为零，分散行动。杨国夫与景晓村率领一部兵力，采用“翻边战术”，向西面敌人后方转移，伺机打击敌人；直属团团长郑大林带领主力一部向北突围到朱家屋子一带；军区副政委刘其人与政治部主任徐斌洲带领军区机关一部和直属团一个营转移到八大组一带，坚持内线作战；军区参谋长袁也烈也带领重机枪连、迫击炮连在广北地区与敌人周旋，并指挥军区侦察队和民兵开展地雷战，牵制敌人，以减轻后方的压力。

日伪军在辛镇扑空以后，又迅速调整兵力扑向八大组。郑大林率部与徐斌洲在八大组会合后，趁敌尚未合围，立即率部从敌人身边猛插出去，转移到广北敌后。刘其人率领军区教导营和民兵，在摆好地雷阵以后，掩护各后方机关继续向东北荒洼地深处疏散隐蔽。日军骑兵最先赶到八大组，立即陷入地雷阵，被炸得人仰马翻。当敌人大部队赶到八大组时，我军早已完全撤离了。敌人恼羞成怒，在八大组、民丰、小宁海、双河镇、朱家屋子等处安设临时据点，进行“驻屯清剿”。

为做好反“扫荡”的准备，垦利县委、县政府早已动员群众埋藏粮棉物资，破坏交通要道，填埋水井，实行空舍清野，同时要求县、区干部要组织群众、领导群众，县的干部不出县，区的干部不出区，组织群众坚持阵地，与群众一起积极开展反“扫荡”斗争。垦利县委书记兼独立营政委王林带领一个连插向敌占区，在封锁沟两边，破坏敌人的交通线。独立营营长张伯令带领两个连分散在黄河两岸，灵活机动地打击敌人。县委副书记杨世保则留在县委驻地朱家屋子附近，负责与各区联系。县长王雪亭、副县长石青与县委、县政府其他干部，按照各自熟悉的村庄分散开来，与群众一起反“扫荡”。各区干部除规定区委书记必须亲自带领区中队反“扫荡”外，其他干部也是分散到各村与群众一起反“扫荡”。

王林（1919—1990），曾用名王淑孔、王景明。广饶县稻庄镇人。历任八路军山东抗日游击第三支队十团政治处干事、中共广饶县委组织部部长、中共清东地委青年书记兼民运部长、清东军分区政治部主任兼独立团政治处主任、中共垦利县委书记兼独立营政委、中共利津县委书记兼县独立营政委、中共滨县县委书记兼县独立营政委、渤海军区教导二团政委、华东军区随营学校政治部组织科长、华东军区军政干部学校政治部组织部副部长、华东军区军政大学二总队副政委、华东军区装甲兵教导团政委、第二战车编练基地政治部主任、中央军委装甲兵政治部组织部部长、装甲兵学院政治部主任、中央军委装甲兵政治部副主任等职。

当时，王雪亭与县委组织部部长张浩、宣传部部长向旭、副县长石青和通讯员袁聿明来到河西小郭家屋子村，与群众一起活动，夜间到野外的秫秸堆或废弃的井坑里睡觉，以躲避敌人夜晚袭击，白天返回村内，昼夜与敌周旋。一天午后，有一股日伪军突然在村西出现。村长带着他们几个人跑到村东一片荒草地里，找到一个没有顶盖的地窝子，大家一起蹲在里面。不久，这股日伪军进到后郭村东北的汪二河村，不断地鸣枪追逐外逃群众。接着，日军的飞机也来了，用机关枪对地面扫射，还有日军的骑兵在汪二河村周围的田野里搜索，距王雪亭他们最近时只有半里路，情况十分危险。而他们几个人只有几支短枪，没有战斗力，也不能再转移。大家商量，如果敌人来了就拼，准备牺牲。不过这次总算有幸，他们没有被发现，日军的骑兵也没有再继续向前搜索。太阳西坠，日军飞机才离去，日军骑兵也撤走了，他们才安然回村。第二天，日伪军在河西这片地区再次进行围剿“扫荡”，王雪亭等人觉得5个人在一起目标太大，容易暴露，于是决定分头隐蔽。张浩和向旭转移到南边靠近黄河的乱井子村西南的荒草地里，找到一个废弃井隐蔽下来。王雪亭、石青和袁聿明转移到了十六户村。这里距盐窝日伪据点很近，恰巧县委书记兼独立营政委王林和独立营副营长张孝屏也带领一个连，换了便衣秘密驻扎在这里。不久，张浩和向旭也转移到了十六户村。王林和王雪亭分析，越是危险的地方敌人越是容易麻痹，所以他们就选择在日伪军的眼皮子底下隐蔽。

在反“扫荡”开始的几天，最主要的任务是掩护群众转移隐蔽。但在这平原地带，能供隐蔽利用的地形地物，除了滨海地区的荆条林和沙坑土丘外，再就是田野里的高粱棵和“抗日沟”了。因此，估计哪里没有敌人就转移到哪里，敌人来了就走，群众很难转移到一个固定的安全地点，跟敌人遭遇也就成了经常的事。有一次，二区区委书记许俊芝、妇女干部王秋兰带领区中队一部，在组织群众转移时与日伪军遭遇了，他们据守在村头一间屋子里，顶住敌人，掩护群众从“抗日沟”向高粱棵里疏散。群众安全转移了，他们却被日伪军团团围住，最后弹药用尽，壮烈牺牲。还有柳行、道口、朱家屋子、前郭家屋子4个村的民兵，在孙守增、张守先的带领下，组建了3个联络站，冒着生命危险给部队、机关送情报，其间共对敌作战27次，毙伤日军5人、汉奸6人，缴获步枪7支、掷弹筒2支，张守先、孙守增、李光典、赵美德均荣立一等功。

“驻屯清剿”的日伪军找不到八路军主力的影子，就开始抢粮。抢粮也是日军这次“扫荡”的目的之一。因此，反抢粮也就成了这次反“扫荡”的重要内容。由于早就实行坚壁清野，把粮食巧妙地隐藏起来，任凭日军东搜西寻，仍然一无所获。于是，日军就欺骗群众说，“皇军”有什么“透地镜”，朝地上一照，哪里埋着粮食就知道，如不早把粮食献出来，照出来全村都要斩尽杀绝。分散在群众中的县、区和村干部们，宣传教育群众，及时揭露日军的阴谋，识破了日军的鬼花招。但日伪军不甘心，他们东一群、西一伙，一字形排开，手持几尺长的钢锥，像瞎子探路一样，戳戳点点，四处搜索。有些在荒地里没掩埋好的粮食，被日伪军挖去了。县委再一次发出了反抢粮的号召，动员民兵群众立即行动起来。夜间，他们摸到藏粮地点，根据四周地形环境，分别栽上高粱棵、荆条棵，按上鞋印、牛蹄印，进行伪装。在没有粮食的地方却埋上地雷，翻出新土，撒上粮粒，造成藏粮的假象。第二天，日军围上来一戳，地雷触发，“轰”的一声，日军的尸体和钢锥一起抛上半空。日军白天四处搜索抢粮，临时据点只有少数敌兵留守。抗日游击小组就悄悄地化装进村，干掉守兵，夺回被抢的粮食物资，拿走日军的食品，填死水井、搬去用具，使日军吃不上饭、喝不上水。晚上，回村的日军刚睡下，埋伏在村外的游击小组打冷枪、放鞭炮，引得日军鸣枪放炮闹个通宵，昼夜不安，终日疲于奔命。

日军要把抢来的粮食物资等用汽车运往利津城，爆破小组就分别在沿途交通要道巧妙地埋设地雷阻击敌人。县独立营侦察班长王强带领爆破小组把地雷埋在公路上、巧妙地挂在桥下，炸毁了日军八九辆汽车、炸死炸伤日军十几名。

与此同时，清河军区坚持内线作战的部队，在县、区武装和民兵的配合下，运用地雷战、麻雀战、袭扰敌人，打得敌人昼夜不安、草木皆兵。12月6日拂晓，垦区军分区独立团二营六连在向南部迂回转移途中，在北张村被日军骑兵第四旅团一部1000余人包围，双方展开激烈的巷战，战斗从早晨一直进行到下午4时，六连共牺牲72名战士，杀伤敌人160余人。

跳出包围圈转移到敌人身后的八路军主力，在当地武工队的配合下，从广饶、博兴、蒲台、沾化等县积极进行外线出击，打据点、摸岗楼，有力地牵制了敌人对我根据地的"扫荡"。其间，杨国夫带领部队先后穿插到东营村、业基王村、盐坨，牵着敌人的鼻子转圈。垦区军分区独立团副政委张缉光率特务连和一连，在沾利滨三边大队的配合下，攻打侯王庄据点，牵制利津守敌。

1943年11月18日至12月8日，21天的时间里，清河区军民共与敌作战230次、毙伤日伪军600余人，在八路军内外夹击下，日伪军的日子越来越不好过，不得不于12月8日狼狈撤退。

敌人撤走后，隐蔽在荆林草丛中的抗日军民，终于回到了工作驻地和家园，后勤机关也很快恢复了生产。垦利县委、县政府在朱家屋子召开了反"扫荡"总结会议，县委书记王林在总结报告中指出，这次反"扫荡"斗争取得胜利，是坚持了党的一元化领导，相信群众，依靠群众，干部与群众齐心协力、共同奋战的结果。这一年，敌人对垦区5000兵力以上的"扫荡"共有4次、万人以上的"扫荡"两次。其中规模最大、时间最长、手段最为残忍的是历时21天的冬季大"扫荡"。垦区军民在各级党组织的领导下，为保卫垦区根据地英勇善战，用鲜血和生命书写了无数可歌可泣的英雄事迹。

反“扫荡”总结大会上，表彰了一批军民并肩战斗、干部掩护群众、群众保护干部的英雄模范，展览了部分战利品。经过这场残酷斗争的严峻考验，垦区抗日根据地以崭新的姿态，巍然屹立在广阔的渤海平原上，英雄的垦区军民在战火中百炼成钢，以更加顽强的斗志投入新的战斗。

1944年1月，中共山东分局、八路军山东军区决定，报经中共北方局、中央军委批准，清河区与冀鲁边区合并，建立中共渤海区委和八路军渤海军区。2月，清河区与冀鲁边区正式合并，建立了中共渤海区委、八路军渤海军区，景晓村任区党委书记，杨国夫任军区司令员。同月，渤海区党委、军区在辛集、牛庄一带召开高干会议，提出了渤海区对敌斗争的一系列方针政策。3月，山东省战时行政委员会决定将清河区行政公署与冀鲁边区战时行政委员会合并为渤海区行政公署，刘其人兼任主任，李人凤任副主任。1944年夏，渤海军区对敌展开夏季战略攻势。正在王雪亭与战友们紧张准备投入一场新的战斗时，为培养干部，上级党组织安排他与渤海区行署副主任李人凤、渤海区第四专署专员冯鼎平等人一起到中共山东分局党校学习。

中共山东分局党校是在中共苏鲁豫皖边区省委党校的基础上创建的。1938年5月徐州失守后，中共中央决定将中共山东省委扩大为苏鲁豫皖边区省委，为适应培训党员、干部的新形势的需要，并于10月成立了边区省委党校。12月，边区省委改为中共中央山东分局，边区省委党校随之改为山东分局党校。

1942年5月，山东分局发出《关于执行中央整顿三风指示的决定》。此后又陆续举办了4期培训班，共培训学员800余人。李人凤、冯鼎平和王雪亭参加了第三期培训班。培训分为三个阶段：

（一）学习文件阶段。主要学习中央宣传部规定的《毛泽东二月一日在党校的报告》（即《整顿党的作风》）和《中央关于增强党性的决定》《中央关于调查研究的决定》等22个文件。学习采取自学和相互启发、研究、讨论的方式。首先粗读、通读文件。对部分文化水平较低、学习文件有困难的学员，逐句逐段地进行讲解，帮助其领会和掌握文件的精神实质。然后按照学风、党风、文风三个部分，逐件精读，最后再综合阅读。在学习中，还要求学员做到写好笔记，认真思考。为了把学习引向深入，经常组织小组讨论会，遇到带有普遍性的问题，则组织大会讨论，广泛发扬民主，并做好大会总结，解答疑难问题。

（二）写反省自传和坦白阶段。在学习领会文件的精神实质、掌握思想武器的基础上，组织学员检查自己的思想、工作和历史，写反省自传，并将写反省自传与坦白相结合。第二期进入反省坦白阶段后，山东战时行政委员会主任、山东分局副书记黎玉作了《关于半条心两条心》的报告，收到了良好效果。一位学员听了报告后，坦白了自己与党两条心的错误思想——企图拉部队投敌。在他的带动下，反省坦白掀起了高潮，不少人消除了顾虑，坦白了长期隐瞒在内心深处的问题。

（三）通过反省自传阶段。在通过反省自传前，肖华作了《人为什么会犯错误及我们对错误应抱的态度》的报告，提高了学员对开展批评和自我批评的自觉性。在反省自传写成之后，组织大家进行讨论，开展批评和自我批评。

党校的整风学习，始终贯彻了“惩前毖后，治病救人”“既要弄清思想，又要团结同志”的方针，充分发扬民主，做到了知无不言、言无不尽，言者无罪、闻者足戒，学员大都能认真拿起批评和自我批评的武器，清算思想上主观主义、教条主义、宗派主义、党八股的影响。参加学习的学员在掌握、领会毛泽东思想，在坚持原则、分清是非、统一思想，在发扬实事求是、理论联系实际、密切联系群众、批评和自我批评的作风等方面，都有很大进步，为走上新的工作岗位、迎接抗战的最后胜利奠定了思想基础。

经过整风学习，王雪亭的思想认识有了进一步的提高，他积极要求加入中国共产党。在学习期间，山东分局副书记黎玉、渤海区党委书记景晓村都分别与王雪亭做过深入交流。1944年10月，由渤海区行署副主任李人凤和渤海区工商局监委刘群介绍，王雪亭光荣加入中国共产党。

利津县抗日民主政府首任县长

1944年初，中共山东分局和山东军区部署对日伪军发起局部反攻。渤海区局部反攻首先在清河地区展开。渤海区发动夏季攻势，将益寿临广四县边区作为第一阶段作战方向，策动驻寿光丰城一带的伪灭共建国军第八团王道部反正。

8月，渤海军区主力挥戈北向，打响了以解放利津城为中心的夏季攻势第二阶段作战。

利津城是连接沾化、滨县、蒲台、博兴、广饶等县的重要枢纽，也是日军设在黄河下游、渤海沿岸中段最大的一个战略据点，是日伪“扫荡”“蚕食”广北、沾化等抗日根据地的重要屯兵处。这里驻守的有日军的一个小队和伪华北绥靖第八集团军第二十七团，还有伪保安中队、伪县公署宪兵队、伪警察局等杂牌军，共计2000余人。其中，日军小队和伪军一个主力营据守在城里，伪军的另外两个营分布在盐窝、张许、侯王庄、小街、店子、单家寺、宋家庄、崔家、官庄等9个据点，形成“梅花”状布局，作为县城的外围屏障。尤其是张许和盐窝据点，像一对触角，分别伸向县城东南的广北根据地和东北的垦区根据地。

8月12日夜，渤海军区作战部队按照既定方案，兵分数路，将利津县城外围盐窝、张许、宋家庄、小街、侯王庄、单家寺等10个日伪据点分割包围。伪二十七团团长苏冀南得知侯王庄据点告急和张许据点被围后，又得到盐窝据点被困的求救急电，宋家庄、侯王庄、单家寺3个据点也很快被渤海军区攻城部队占领，急忙派兵增援。八路军在包围张许、盐窝据点后，预料县城日伪军必定来援，渤海军区派部队在沿途青纱帐里布兵埋伏。当县城伪副团长庞洪兴率两个连前往张许增援时，立即遭到伏击。庞洪兴带部分残兵狼狈窜入张许据点，余部逃回县城。伪团长苏冀南率兵增援盐窝据点，在沿途乔家、鲍王庄两次遭到截击后窜入盐窝据点。经过3昼夜围攻，至14日午夜，张许、盐窝被攻克，庞洪兴被活捉，苏冀南趁乱逃回利津城。

8月16日下午，杨国夫率作战科长陈乙斋、秘书崔醒农、警卫排长王京建等人秘密渡过干涸的黄河，进入利津城东关黄河大堤外河滩散住的农户家中设立指挥所，直接指挥攻打利津城战斗。军区直属团副团长兼一营营长李丕功率一营作为主攻从东门进入城内，由直属团二营营长张冲凌率二营从西门进入城内，由第四军分区司令员王兆湘率分区主力部队及垦利独立营一部包围城北部，防止敌人突围逃窜，并负责阻击增援之敌。渤海军区直属团及军区第四军分区部队直逼利津城下，当晚发起总攻。军区直属团一营派爆破能手赵级三等炸开东城门，埋伏在四面的部队同时展开攻势。军区直属团一营一连在连长李益清带领下首先攻入城内，控制了东门突破口。二连连长赵衍庆带领官兵进入城区向纵深发展。三连战士搭梯攀上城楼，沿城墙分头向南、北门冲去，北门城楼上伪军大乱。三连战士冲到北门城楼上的伪军跟前，将城楼上前来问话的伪军一枪毙命，后面伪军不战而逃。此时其他部队均已攻入城内展开巷战。二连战士直扑伪团部，激战20分钟，伪军大部被歼，伪团长苏冀南带少数残兵向城西北角的日军据点逃去。

17日，渤海军区直属团二营由营长张冲凌指挥，城内外夹攻西门及城西南碉堡，伪营长刘伯珍率部缴械投降，此时城西北驻所中的日伪军仍在负隅顽抗。傍晚下起大雨，渤海军区官兵借机发起猛攻，爆破手郑凤友在火力掩护下抱起一包炸药勇敢地冲上去，当场炸死部分日军，接着第二、第三个炸药包相继在炮楼下爆炸。强大攻势之下，伪团长苏冀南和300余名伪军弃械投降。此时，日军中尉井田带3名日军士兵爬上房顶欲搭梯翻越城墙突围，一营三连班长王子恒冲上前，日军丢下武器跳墙外逃，早已埋伏在城下的垦利独立营战士将跳墙日军全部歼灭。至此，利津县全境解放。

JIEFANG RIBAO　中華民國三十三年八月廿三日

解放日報

今日出版一大張　第一一八九號　社址：延安

中華民國卅三年八月廿三日　夏曆甲申年七月初五日

介紹良藥　虎骨木瓜酒　延安新市場　西北藥材莊啓

魯北我軍收復利津

斃傷俘敵偽團長以下千六百餘人

繳獲大小砲十四門步機槍千支

濱北討李戰役

擊退敵第四次增援

《解放日报》关于鲁北我军收复利津的报道

利津战役自8月12日至18日，经大小战斗10余次，全歼守敌1600余人，缴获机枪5挺、长短枪1000多支、子弹10万余发及粮食、布匹等物资一大宗。利津城是八路军在山东境内彻底解放的第一座县城。解放利津城，是局部反攻以来渤海军区部队第一次全歼守敌、攻克县城的战役行动，是渤海区抗战以来取得的空前胜利，标志着渤海区八路军的攻坚战术发展到一个新阶段。利津战役极大鼓舞了部队士气，扩大了根据地，锻炼和提高了部队的攻城作战能力和攻坚战术水平，增强了部队官兵与渤海区人民抗战必胜的坚强信念，揭开了渤海区局部攻势的序幕，为全面攻势奠定了基础。

8月18日，渤海行署公安局进驻城内，并成立了城防司令部，由行署公安局局长李震兼任司令。同时，垦利县公安局局长王梅亭带领部分干警也进驻利津城，并根据行署指示迅速组建利津县公安局以维护城区秩序。相继成立的还有渤海区八路军驻利津城办事处和城区抗日行政临时办事处，分别由李震、齐中华担任主任，共同负责维持社会治安、清查伪军和伪组织成员。

早在1942年8月，为协调垦区及利津、沾化、滨县等地方党组织的工作，加强对敌斗争的统一领导，中共清河区党委决定建立中共垦区工委。1943年5月，中共垦区工委改建为中共垦区地委，下辖蒲（台）利（津）滨（县）工委、沾（化）利（津）滨（县）工委、沾化县委、沾西工委、海上工委和垦利县委。1943年10月，清河区行政主任公署为加强对新开辟的垦利、利津、沾化、滨县等县抗日民主政权的领导，决定成立垦区督察专员公署，冯鼎平任专员，冯基民任副专员，下辖垦利县抗日民主政府、沾化县行政委员会、沾（化）利（津）滨（县）三边办事处、海防办事处等县级单位。随着利津城的解放，全县百业待兴，亟须建立全县党、政、军、群统一领导机构，领导全县人民恢复发展生产，建立巩固的根据地。为此，渤海区党委决定，撤销蒲利滨工委和沾利滨工委，建立中共利津县委、利津县抗日民主政府。

1944年9月上旬，中共利津县委员会在利津3区西坡村建立，王林任书记、王节亭任副书记。10月10日，渤海行署民政处副处长王子彬在郭家屋子主持召开会议，宣布渤海行署关于垦利、利津正式分别建制的决定，并成立了选举筹委会，王林、邢钧分别任正副主任。10月18日至19日，利津县人民临时代表大会在利津三区西双井村召开，出席会议的代表70余人，会议选举产生了由7名委员组成的临时代表大会常务委员会，中共利津县委委员、民运部长邢钧为主任委员，民主人士张鹤亭为副主任委员，选举并成立利津县抗日民主政府，王雪亭当选为第一任县长。随即，利津县抗日民主政府组成12个工作部门，并任命了负责人：秘书处秘书刘振东，民政科科长王锐夫，财粮科科长张汝淮，教育科科长刘之申，实业科科长张芳春，司法科科长齐英，公安局局长王梅亭，金库主任张汝淮（兼），粮库主任袁东，工商管理局局长许子敬，战时邮政局局长宋洪先，工商联合会会长刘凤英。当时，因王雪亭正在中共山东分局党校学习，大会决定暂由县公安局局长王梅亭代理县长职务并率各科局长宣誓就职，同时宣布了政府的施政方针。11月14日，利津县人民临时代表大会代表张鹤亭、王林、邢钧、王雪亭、王刚峰等65人，代表全县人民联名通电，要求国民党改弦更张、放弃误国政策，接受共产党提出的“实行民主，增强团结”的建议。

当王雪亭得知自己当选为利津县抗日民主政府首任县长时，心情很激动，他没想到自己在鲁南，而渤海区领导和利津县父老对他这么信任。他决心要好好学习，回到利津带领全县人民继续奋斗。

1944年冬，王雪亭结束了在山东分局党校的学习，返回到垦利县自己的住地。1945年2月16日（农历正月初四），垦利县邱家围子、六村、七村等10余个村庄数百名村民纷纷前往县政府给王雪亭拜年。2月下旬，他赴利津县抗日民主政府就职。这时，利津县城刚刚解放不久，还有些地区被日伪残余、土匪、地方封建势力统治着，局势很不稳定。王雪亭以其特有的社会地位和上层工作经验，积极开展统战工作。

1945年春，利津县政府主要组成人员合影，前排中为王雪亭，右为粮库主任袁东，中排右为财粮科科长兼金库主任张汝淮

王雪亭组织召开士绅名流座谈会，以县长身份作了抗战形势的报

告，特别是以他自身的经历和体会说明了国民党军队的腐败无能，只有跟着共产党、八路军抗战才有光明前途。士绅们受到深刻教育，盛赞八路军纪律严明、人民政府政策英明，表示一定听政府的话，按共产党的政策办事。利津北街士绅李玉如在会上表示："坚决跟共产党走。"回家后，就在土改大会上带头献田，对发动群众起了良好的作用。孟家坦的孟老先生，接到县长要他参会的通知后，惴惴不安，穿着长衫、带上钱准备应酬县长。但到了会上见到王雪亭衣着朴素、平易近人，没一点县长架子，便无拘无束地发言，讲出了心里话，并表示一定按照抗日民主政府的政策办。会议开得活跃而成功，气氛融洽，一直到深夜11时才散。临走，王雪亭对带队的区领导说："咱不能光听其言，更要观其行。对开明进步的，要团结；对反动的、耍两面派的，要打击。……对离鬼子据点近的村镇，要展开政治攻势，教育争取一些上层人士，为发动群众创造条件。"

在民主政府直接領導下

全區蝗災完全消滅

共撲殺蝗蝻一百一十三萬餘斤

打下今年大生產的勝利基礎

1945年7月7日，《渤海日报》第4版关于消灭蝗灾的报道

1945年4月初，渤海区无棣、乐陵、沾化、蒲台、利津、垦利等地遭受了蝗虫灾害，王雪亭带领广大群众在消灭境内蝗虫并及时种地之后，又带领1300余人支援垦利县，帮助恢复生产。1945年7月7日《渤海日报》发表了题为《全区蝗灾完全消灭——共扑杀蝗蝻113万余斤，打下今年大生产的胜利基础》的报道。报道中表扬了王雪亭："如利津县蝗灾，在王县长的亲自带领下，群众1300余人，至垦三区给扑蝗群

众挖苗2700余亩……既扑灭蝗蝻，也耽误不了耕种。”

为了扩大共产党的影响，进行革命传统教育，王雪亭于1945年11月21日召开了县府政务会议，决定兴建利津县烈士祠，建祠筹委会由13人组成，王雪亭任主任委员，邢钧、张鹤亭任副主任委员。王雪亭带领县府其他领导和同志们一起亲自设计方案，将抗日战争中屡立战功的英雄战士塑成了骑奔马的雕像，置于烈士亭顶端，供人瞻仰，请县参议会议长张鹤亭先生为烈士碑撰写了碑文。1946年5月，烈士祠竣工。在落成典礼大会上，王雪亭宣讲了1927年加入中国共产党的李竹如烈士的事迹，让李竹如烈士的事迹在利津广为传诵。

1946年春，利津县抗日民主政府主要领导成员合影，前排中为县长王雪亭

1946年3月15日，利津县召开县区干部大会，传达渤海区党委关于“大胆放手发动群众做好查减工作和反霸斗争”的指示。会后，县成立群工大队，各区成立群工中队，全县500多名干部参加查减反霸工作。7月下旬，中共利津县委、县政府召开县区干部会议，传达中共中央《关于清算减租及土地问题的指示》（即“五四”指示），部署开展土地改革运动工作。会后，派出县工作队进行土改工作试点。10月6日至8日，县委、县政府又召开县区干部大会，传达贯彻渤海区党委关于《坚决执行耕者有其田争取自卫战争胜利》的指示。会后，全县百分之八十以上的党政群干部投入到土地改革运动中。

1946年4月5日，在县城召开利津县第一届参议会，历时3天。到会正式会员55人，代表全县16万人民。会议用不记名投票方法进行选举，选出邢钧、张鹤亭、王节亭、孙子振、林凤章（女）、王建新（女）、由子真等7人为驻会参议员，并推选邢钧任参议长，张鹤亭任副参议长。同时选举产生利津县行政委员会，王雪亭任主任委员。会上，行政委员会宣布了施政方针。

1946年4月，利津县行政委员会全体委员合影

在渤海区大参军运动中，王雪亭尽心尽力，作出了很大贡献。

1944年12月，渤海区党委、渤海军区及渤海行署召开工作会议，传达贯彻中共中央军委1944年10月12日作出的《关于加强全军练兵与部队大整训的决定》，总结了前段的经验教训，分析了当前形势，确定了“扩军、练兵、大反攻”的任务。遵照渤海区党委、军区和行署的指示，利津县委、县政府于1945年春在全县掀起了声势浩大的大参军运动。王雪亭亲自领导大参军运动，作出具体部署：第一，各区各村检查拥军公约履行情况，反复进行拥军教育；第二，开展热火朝天的文娱宣传工作；第三，确定参军积极分子，培养参军骨干。

各区、各村都把宣传工作做得很到位，尤其是文娱工作更是搞得热火朝天。春节前，各乡村到处锣鼓喧天、红旗招展，青少年和儿童团组织起来，扭着秧歌给烈军属和抗属送年礼，先送“六大光荣”（光荣匾、光荣灯、光荣旗、光荣牌、光荣花、光荣对联），再送过年用的白面、猪肉、蔬菜等食品。2月13日（农历正月初一），还分别给烈军属和抗属拜年，广泛营造参军光荣的气氛，有力地推动了大参军运动的开展。2月20日（正月初八），王雪亭亲率民众给城区模范抗属献灯，引起轰动。在全县，“扩大主力军，准备大反攻”“打倒日本鬼，建立新中国”的标语到处可见，父送子、妻送郎、兄弟争相上战场的感人场面时时涌现。这次大参军，全县共有1000余名青壮年报名参军。

1945年2月20日（正月初八），王雪亭亲率民众给城区模范抗属献灯

3月8日，县委、县政府借庆祝“三八”国际劳动妇女节之际，在五区（东堤）的北张村召开千人大会，欢送新兵入伍，王雪亭与县委宣传部部长崔大田及县妇救会主任王刚锋等出席大会并讲话。会议隆重热烈，群众情绪高涨，新兵骑着马、披着红，喜气洋洋，青壮年敲锣打

鼓，儿童团扭着秧歌欢送新军。这些新入伍的战士，大多被补充到主力部队和地方武装中，少数组成新兵教导团作为后备力量进行集中训练。同年5月5日，利津县独立营营长张伯令率领全营3个连队升级到主力部队；8月，新任营长张孝屏又率领新组建的利津县独立营升级到渤海军区第四军分区独立团，编为第一营。

1945年9月，由于渤海军区主力新编独立旅和第七师北上挺进东北，渤海区武装力量大为削弱，为应对国民党反动派随时可能发动的内战，保卫和巩固抗战胜利果实，部队急需补充兵员。为此，中共中央山东分局及渤海区党委在解放区组织发动了大规模的参军运动，提出了“胜利人人有份，参军人人有责”的口号。在渤海区党委群委会书记兼区各救会会长夏戎的直接领导和帮助下，利津县委、县政府按照上级的统一部署和要求，于9月2日至11月28日开展了大参军运动。通过召开全县领导干部会议、干部扩大会议，下达动参任务，进行层层动员，发动党政军民一起开展工作。具体做法是：一、先在基点村培养典型，创造经验，以此推动其他村工作的开展；二、各区通过张贴标语口号，召开村干部会、各系统人员大会、贫民会、妇救会、抗属会和群众大会，广泛发动群众，开展动参竞赛，迅速掀起参军高潮。此次大参军，利津县共有村长11人、农救会长8人、自卫团长27人、青救会长25人、民兵队长25人、村政委员9人带头参军，有力地带动了青壮年群众的参军热情，全县参军人数达998人。新兵入伍后，被全部补充到了新建的渤海区警备第六、七、八旅和军区特务一、二团。

1946年，为应对国民党军队对解放区挑起的冲突和内战，中共华东局和山东省政府自6月5日至26日连续发出9个紧急命令和指示，要求各级党委立即行动起来，组织发动群众参军、参战，支援人民自卫战争。同时，中共渤海区党委也向全区各级党组织发出《建军决定》。9月

28日，渤海区四地委向各县县委发出了《关于执行区党委建军决定的指示》，要求结合土地改革开展动员参军工作，各县大队要达到400人，各区中队要达到30人，除保证自己县、区武装部队满员外，还要随时准备输送人员到四军分区升级。为进一步做好动参工作，确保大参军运动顺利进行，四地委于12月13日发出《在动参工作中给各县委的指示信》，12月16日至20日，又连续发出《关于参军工作进入乡村后的指示》《关于动参工作给各县的信》，12月20日发出《关于巩固新战士工作的指示》，对动参工作的具体政策、步骤、做法及应注意和防止出现的问题、偏差等，都作了详细、明确的规定和解释。中共利津县委、县政府以“空白村”为重点，在全县全面开展了大参军运动。运动中，许多村开展竞赛，争当动参模范：一区的洼张村和碾李村相互挑战应战，两村共有40多名青年参军；五区南望参村80余名青壮年自愿报名、争先参军，组织一个“光荣连”集体入伍。截至1947年2月底，全县共有1088人光荣参军。大参军运动之前，利津县按照上级要求，于1946年5月曾派县独立营副政委由子真带领3个连队300余人升级到主力部队。大参军运动期间，于1947年2月，又派县大队副政委郭士彬带领1个中队升级到主力部队。

1947年秋，由于国民党军队重点进攻山东解放区，为支援华东野战军内线作战，中共利津县委、县政府按照中共华东局、渤海区党委和四地委的统一部署和要求，再次掀起大参军运动，全县共有712人参军入伍，投入到保卫解放区的战斗中。同年12月，利津县大队4个连队由教导员王旭晨率领升级到主力部队。

王雪亭带领利津县政府一班人与利津县委密切配合，利津县各项工作得以顺利开展并取得了辉煌成绩。其中，治黄工作尤为突出。

黄河自古以“善淤、善决、善徙”而著称，向有“三年两决口，百年一改道”之说。据统计，从公元前602年至1938年间，仅黄河下游就决口1590次，大的改道有26次；改道最北的经海河出大沽口，最南的经淮河入长江口。

1938年5月，日军攻陷徐州，沿陇海线西犯，并于6月初占领开封，郑州、武汉形势岌岌可危。面对穷凶极恶的日军，蒋介石采用“以水代兵”之策，下令在郑州以北的花园口掘开黄河大堤，利用泛滥的黄河水阻挡日军前进。6月9日，黄河水由花园口冲出，经河南、安徽、江苏夺淮入海。虽然延缓了日军西进、南下的速度，却给豫、皖、苏三省人民带来了空前的灾难，计有84万公顷的土地变为泽国，形成了由西北至东南长达400公里的黄泛区。

抗战胜利后，国民党为配合发动内战，又要复堵黄河花园口口门，让黄河水回归决堤以前的故道。然而，黄河故道已无水七年，两岸百姓逐渐从岸上迁徙到这条长600余公里、宽约6公里的河床上，垦荒耕种，并渐渐形成了1700多个村庄，生活着40多万人口。沿河除齐河至济南间60多公里为国民党军防区外，其余大多在冀鲁豫和渤海解放区境内。所以，蒋介石此举名义上是“拯救黄泛区人民”，实则是想再次“以水代兵”，水淹解放区。

1946年2月，国民政府组建黄河堵口复堤工程局，并向中共方面提出黄河归故问题，要求位于黄河下游的中共管辖区予以合作。周恩来敏锐地意识到他们的险恶用心。当时的情况是：新河床上有解放区1000多个村庄，要为重新回来的河水让道，无疑将面临大规模的搬迁和安置，解放区需要支付巨额的搬迁费用。另外，黄河大堤在战争中已是面目全非，黄河归故，必须先修复大堤，这又需要一大笔款项。但如果拒绝黄河归故，国民党政府便会借此离间中国共产党与黄泛区人民的关系。经反复权衡，并及时向党中央请示后，周恩来回复国民政府，同意让黄河回归故道，但必须先复堤而后堵口。为此，国共两党先后多次在开封、菏泽、上海、南京、章丘、邯郸举行谈判，并多次达成部分协议。尔后，中共中央指示下游解放区成立治黄机构，配合黄河归故工程的进行。

1946年4月，国民政府黄河水利委员会委员长赵守钰与联合国善后救济总署中国区工程顾问塔德、黄河堵口复堤工程局总工程师陶述曾、黄河水利委员会山东修防处处长孔令瑢等人，在晋冀鲁豫边区参议员赵明甫、成润等人陪同下，由济南抵达利津县城，王雪亭给予热情接待并向勘查团面陈复合修堤意见。5月，为确保治黄复堤工程顺利进行，渤海区成立修治黄河工程总指挥部（李人凤任总指挥）和渤海区河务局（江衍坤任局长，王宜之任副局长），沿黄各县成立治河办事处，由各县县长兼任主任。5月27日起，各县施工队伍走上复堤工地，一场声势浩大的黄河保卫战在渤海湾畔打响了。利津县组织上万名民工，在利津黄河两岸150余华里的大堤上掀起了一场声势浩大的复堤热潮。广大民工们自带干粮，露宿工地，肩挑人抬，你追我赶。12月，黄河水利委员会特派员范明德（加拿大人），到利津县视察黄河大堤修复情况。1947年1月上

1946年7月5日，利津县河工劳动模范与行政负责人合影。前排左二为王雪亭，左三为利津治河办事处工务股股长苏峻岭，右三为修治黄河指挥部总指挥李人凤（山东黄河河务局档案室存）

旬，黄委会特派员范明德又与莱亨利、彦西博（美国人）再次到利津县视察黄河大堤并随船运来救济物资一宗。这些国际友人代表联合国救济总署对解放区人民政府忠实执行协议及群众的实干精神表示敬佩，国民政府黄河堵口复堤工程局副总工程师张季春还就各方执行南京协议发表评论说："解放区百分之百执行了南京协议，联总因客观之阻碍执行了百分之五十。至于国民党政府则等于零。"即使如此，国民政府出于整体战略考虑，仍加速了花园口堵口的进度，他们暗地声称引黄归故可抵40万大军。蒋介石甚至还亲自出马电令水利委员会及堵口工程指挥部，对花园口堵口工程要"按期"完成，不得拖延。

1947年3月15日，河南花园口合龙，滔滔黄河水放归故道。

利津县地处黄河下游，全县堤防150余里，险工20余处，因年久失修，遍布隐患。对此，渤海区党委、行署号召全区人民全力以赴，献砖献石，整修险工。5月9日，利津县开展"反蒋保田"治黄立功运动，组织党、政、军、工、商、学各界8000人上堤抢修黄河险工。

入汛后，黄河水势开始上涨，被淤塞的断流河道溢槽迫岸，弃守九年的黄河大堤处处暴发险情，应急而成的各处险工埽坝相继吃紧，利津的数万民工和数百名县、区干部及治黄工程人员一起奋战在抗洪抢险第一线。县委书记向旭、县长王雪亭不但亲自坐镇指挥，还直接参加了抢险工作，其中向旭分工负责綦家嘴险工堤段防守，王雪亭负责王庄险工抢险工作。

王雪亭和参与抢险的干部群众连续几个月吃、住在工地上，和广大民工同甘共苦。按上级当时的规定：县长的待遇是两匹马，警卫员1人，伙夫1人，吃小灶。但王雪亭坚持只吃一般伙食，并将马匹减掉，还和县府的同志一起砸石运料。他亲自推独轮木车，有一次从城东门装车，经豆腐巷子运到张家滩，运程20华里，半天往返两趟，连续干了3个下午，累得气喘吁吁、汗流浃背，肩红了，手肿了，但仍坚持着不让人替换。7月22日，《渤海日报》发表报道称：“利津县长王雪亭同志，亲身挑砖抬土，与民夫共甘苦，而大大刺激与感动了沾、阳、棣、惠、利等五个县市二万五千多民夫。”

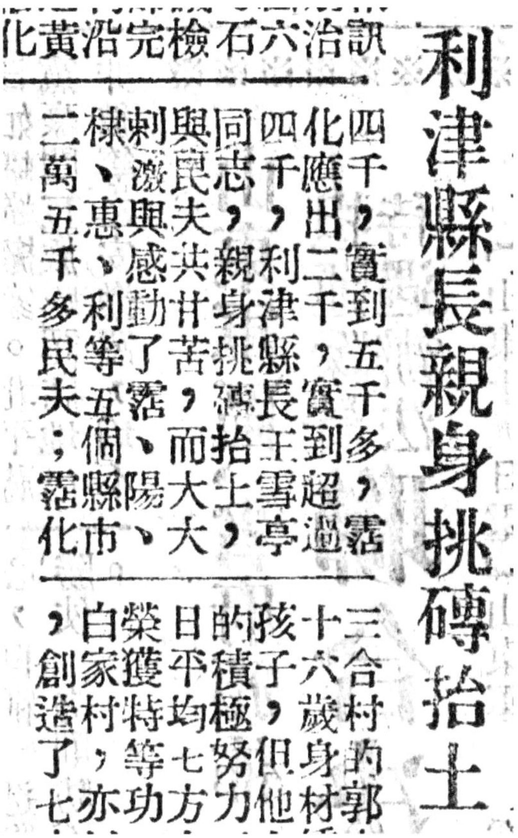

利津縣長親身挑磚抬土

訊治六石檢完沿黃化

四千，實到五千多，霑化應出二千，實到超過四千，利津縣長王雪亭同志，親身挑磚抬土，與民夫共甘苦，而大大刺激與感動了霑、陽、棣、惠、利等五個縣市二萬五千多民夫；霑化

三合村[illegible]郭十六歲身材孩子，但他的積極努力日平均七方榮獲特等功白家村，亦，創造了七

1947年7月22日，《渤海日报》发表《利津县长亲身挑砖抬土》的报道

7月中旬，黄河第一次洪峰到达利津，汹涌的洪水大溜直逼大马家险工，新修的秸埽先后掉蛰入水，埽坝前水深最初只有三四米，但很快就刷深至10多米，险情迅速扩大。王雪亭当即命令利津治黄办事处副主任王研农率6个工程班共200多名民工昼夜抢修。由于200多米长的大堤堤顶全部坍入河中，只好以大堤背坡做依托打桩下埽。险工溜势不断下延，一段埽坝刚抢修稳固，另一段埽坝又出现新的险情。他们共新开秸埽15段，抢修加高10余段。由于大马家险工溜势下延外移，洪水大溜直趋张家滩险工，致使这里的埽坝纷纷下蛰坍塌。王雪亭见状，立即命令在大马家抢险的民工赶赴张家滩抢险。经过46个昼夜的奋力抢护，终于排除了大马家、张家滩两处重大险情。

在大马家、张家滩抢险的同时，綦家嘴也发生了重大险情。县委书记向旭命令县大队全部投入抢险，经过突击抢修，终于转危为安。

渤海区修治黄河工程总指挥部总指挥李人凤（中排右一）、利津县长王雪亭（中排左一）与利津、沾化两县优秀河工干部合影

王雪亭负责防守的王庄险工是黄河南北流向再折转东流的迎流险工，十分险要，也是黄河下游的著名险工之一，春季复堤时曾动员阳信、无棣、沾化、惠民、利津5县的54000名民工抢修套坝（圈堤）长达1700多米。8月上旬，秋汛接踵而来，汹涌的洪水以每秒9000立方米的流量向王庄险工袭来。7日下午，正在紧急抢险之际，11架国民党飞机轮番轰炸扫射达5小时之久，工地料垛起火，民工王子明中弹牺牲，民工王增科、王文佑身负重伤。11日，大溜突然下延，24—28号埽坝漂没，此时工地存料已经用尽，王雪亭命令三区区长于涌泉迅速安排各村砍伐树木，征集檩条、秫秸、绳缆，抢修新埽5段。因为没有砖石抛下护住埽根，不到一天就与堤身脱离。19日夜，堤坝发生塌陷，护坡塌落，漏洞漏水。因料物不足，眼看大堤就要溃决，王雪亭当机立断：一定要加强二线圈堤的防守，同时严密监视水情。

洪水仍在急剧上涨，临时大堤被冲垮了，洪水直冲套坝。套坝是新建工程，未经洪水考验。在洪水猛烈冲击下堤身渗水，险象不断发生。王雪亭身先士卒，带领机关干部、指挥抢险队和工程队奋力抢救。突然，发现一个大洞穿透堤坝，洪水旋转着钻入套堤，老河工于佐堂和抢险队员刘明臣、王焕明、李文奎、王其明等五六十人在临河互相挽着胳膊组成人墙，循序探摸漏洞。待找到漏洞时，洞口直径已经达到了1米多，塞入的麻袋、麦穰等都被洪水冲出。洞口越冲越大，人们心急如焚。在这千钧一发之际，王雪亭纵身跳入水中堵漏。在他的带领下，工程队的干部、民工也纷纷相继跳入水中，展开了一场激烈的堵漏战斗。漏洞终于被堵住了，防洪抢险取得重大胜利，王雪亭却因下水受凉病倒了。

险工转危为安后，利津县群众纷纷向王雪亭和工程队的抢险功臣慰劳致敬。利津县妇救会主任王建新、三区妇女代表张林等同志几次前去慰问王雪亭。四区各救会代表及全区群众给王雪亭写信说："你为俺生命财产而不顾自己的生命危险，下水抢堵，而受凉致病，我们实感恩不尽……"利津县参议会议长张鹤亭给王雪亭写信："你为着人民抢险，下水受凉，病倒了，但你却为人民立下了大功劳，这是人民和民主政府的光荣，我谨代表全县人民向你致敬。"王雪亭为民牺牲的精神，利津人民有口皆碑，

利津王縣長下水搶險受凉致病

群衆紛紛慰勞搶險功臣

簡訊

1947年9月7日《渤海日报》

交口称赞王雪亭是人民的好县长，并请人做了一块横匾，上书“劳苦功高”四个大字，敲锣打鼓送到县府，以表彰王雪亭的功绩。1947年9月7日《渤海日报》发表了题为《利津王县长下水抢险受凉致病群众纷纷慰劳抢险功臣》的电文。

1946年，国民党悍然发动全面内战，渤海区党委、行署领导解放区军民紧急动员，反对内战，支援前线。同年秋，利津县支前委员会成立，王雪亭任副主任，开始投入支前工作。

支 前

1945年8月，蒋介石在日本投降前后三次电邀毛泽东到重庆商谈“国际、国内各种重要问题”。为避免内战再起，毛泽东亲赴重庆与蒋进行谈判，重庆谈判从8月29日开始至10月10日结束，历时43天，双方终于签署《政府与中共代表会谈纪要》，即《双十协定》。

1946年1月，国民党政府在全国人民要求和平民主的压力下，不得不召开有中国共产党和其他民主党派参加的政治协商会议。在这个会议上，通过了一系列有利于和平民主的协议，并在1月10日发布停战令。但蒋介石不愿意遵守政治协商会议的决议和停战令，在1946年上半年仍命令国民党军队继续在许多地方向解放区进攻，尤其在东北进攻的规模更大，形成关内小打、关外大打的局面。

1946年6月，国民党以进攻中原解放区为起点，悍然发动了全面内战。

1946年7月20日，中共中央发出《以自卫战争粉碎蒋介石的进攻》的指示。中共渤海区党委和行署也号召全区党政军民紧急动员起来，制止内战，支援前线，保卫解放区。利津县遵照渤海区党委、渤海行署的指示，在“一切为了前线”“一切为了胜利”的号召下，全党全民齐动员，全力支援自卫战争。全县党员、干部、民兵、自卫团员及广大群众，积极响应党和政府的号召，踊跃参加轮战营、担架队、运输队。其间，利津县轮战营500余人，由县武委会主任李志明任营长，县委宣传部部长崔大田任教导员，在渤海区人武部的统一领导下，与其他轮战营一起，集结在桓台县索镇一带进行训练。因战争形势变化，他们没有开赴前线随军进行战地服务，但出色地完成了集训任务，荣获“模范轮战营”称号，为以后随军支援前线奠定了有力的基础。

1946年9月2日，山东省支援前线委员会成立，山东军区副参谋长袁仲贤为主任委员，山东省政府粮食总局副局长冯平和山东军区后勤部副部长蔡长风为副主任委员。委员会受华东局和山东省政府直接领导，负责对下属各级政府和支前机关部署支前任务，指导支前工作。委员会成立后，随即发布了《山东省支援前线委员会组织大纲》，规定了支前的任务、职权及工作范围。之后，各级党组织、政府也相继建立了支前领导机构。渤海区根据华东局的指示，行署和各专署均成立了支前司令部，县成立了支前委员会和支前指挥部，区、乡、村成立了支前生产委员会，从区党委到地县委都抽调1／3的党委委员离职到前线负责支前工作。

1946年秋，利津县成立支前委员会，县委书记王节亭任主任，县长王雪亭任副主任。同年底，又成立县支前指挥部。指挥部包括供给股在内总共只有10名工作人员，其中，有2名是兼职人员，专职人员则只有8名，工作之繁重可想而知。1947年6月6日，华东先头部队开始西渡，支前工作任务开始繁忙与紧张起来，西渡的部队机关、物资等都堆集在河东亟待西渡。6月12日，华东局与利津县委、县政府成立了临时渡河办事处。在黄河东岸，由华东局秘书长魏文伯、利津县委书记向旭、利津县县长王雪亭负责在东岸的部队及各机关先后渡河；在黄河西岸，由利津县委副书记张雨村与孙子真等负责西渡部队机关住村的安置及供给与民工大车小车等的调度。6月6日至28日，在短短22天时间里，过境军政机关4万人以上，物资数量繁杂到无法统计。东西两岸的搬运工作，完全由利津调动民力、大车、小车等进行运输。同时又兼大马家险工、綦家嘴险工的告急，抢险与支前工作交织在一起，全县70%的男女民众都投入到这两项工作中。在最紧张的关头，指挥部及兵站工作人员连续工作7个昼夜，未曾安眠。

向旭（1920—2014），原名向德昌，山东淄博人，1938年11月加入中国共产党，历任垦利县委宣传部部长、副书记，利津县委书记，山东工学院党委副书记，济南市委教育部部长，泰安地委书记处书记，上海市高等教育局副局长等职

在解放战争中，利津县先后组织12个轮战营、担架队，共有7000多人参加支前，奔赴前线，转战大江南北。被新解放区人民誉为“不穿军装的解放军”。同时，全县还先后调集1200多辆马车组成运输队，向鲁中、鲁南及淮海战役前线运送大批军粮、蔬菜等物资。另外县委、县政府还调动大批民力及运输工具，迎接转送了由鲁中南地区移驻到利津县以及在利津县过境的华东局、华东军区机关、后勤单位及警卫部队、原华南东江纵队、华东荣军学校、华东地区国民党军官俘虏团以及从鲁中、鲁南撤退下来的部分军政机关、医院、学校、军工厂的干部职工、家属和伤病员等共达数万人。

1947年4月，利津县组建了一支由5个连队600余人组成的支前轮战营，由县委组织部副部长牛瑞卿任营长兼教导员，东堤区人武部部长张守先任副营长，左王区区委副书记王兰斋任副教导员。该营随华东野战军第十纵队二十八师先后参加了泰安、晏城、汶上、梁山、鄄城、金乡、鱼台等20多次战斗，火线抢救伤员110余次、400多人，为部队运送炸药120多斤、手榴弹3650枚、子弹31.5万发；转运伤员960余人；

击毙俘虏敌兵数十人，缴获轻机枪4挺、长短枪105支。在战勤服务中，也有多人英勇牺牲。至当年11月结束，共历时8个月，复员时被评为“模范轮战营”，荣获华东野战军奖励的“支前模范”“劳苦功高”锦旗两面，有55人在支前中荣立战功。

在组织轮战营奔赴前线的同时，利津县积极组织全县广大干部群众为前线筹集和运送军粮、蔬菜，赶制军衣、鞋袜等。1947年初，利津县调集马车200余辆组成运粮大队，由大队长张汝淮等带领，向沂蒙山区运送20万斤军粮。途中，在敌机不断搜索轰炸的情况下，运粮队白天防空隐蔽，夜晚寻路急行。200余辆满载军粮的马车排成一字长蛇阵，首尾相接10余里，充分显示了老区人民支援解放战争的决心和力量，有力地鼓舞了沿途村庄的群众。同年4月，利津县还组织1000余辆马车，将100万斤面粉、3万斤蔬菜、120头猪、62万斤柴草运到了鲁南前线。

据统计，在解放战争时期，利津人民共捐献粮食377.31万斤，捐款718.6万元，为部队做军鞋5万双，做军袜2万双，还有缝制的裹腿、炸药包、子弹袋、衣服、毛巾、慰问袋等数万件。

1947年7月17日至9月13日，中共中央工作委员会在河北省平山县西柏坡召开全国土地会议，制定了《中国土地法大纲》，同时决定结合土改普遍整顿党的组织。

为传达贯彻全国土地会议精神，渤海区党委从10月8日起在阳信县曹集区李家桥（后移到何坊区）召开全区土改整党会议（又称“渤海区土地会议”）。参加会议的有渤海区党委、行署、军区负责人和区党委机关科以上干部，还有各地委委员、专署专员，各县委书记、县长、组织部部长、宣传部部长和各救会会长等，共550余人。利津县委书记向旭、副书记张雨村、县各救会长邢钧参加了会议，利津县县长王雪亭带队参加支前未能参加会议。

利津县委书记向旭在这次会议后被调离利津，县长王雪亭在此次会议期间已带队支前，只保留着一个县长的名义，会议之后，也随即被免去了县长职务。利津县党政班子进行了较大调整，张雨村代理县委书记，邢钧任县委副书记兼县长，魏俊哲任县委副书记兼组织部部长，李竹林任县大队大队长。

王雪亭离开利津县后，于1948年初到华东局党校参加整风学习，这次学习的主要内容是“三查三整”（查阶级、查思想、查作风，整顿组织、整顿思想、整顿作风）。学习结束后，王雪亭被安排到省支援前线委员会。

1948年1月9日，根据中央指示，华东野战军东线兵团在山东掖县大台头村召开干部会议，确定在全军开展新式整军运动。2月底，整军任务完成，遵照中央军委命令，华东野战军东线兵团改称山东兵团，辖第七、九、十三纵队及渤海纵队，担负山东战场的作战任务，任命许世友为司令员，华东野战军副政委谭震林兼任山东兵团政委，王建安任副司令员。

7月，为尽快解放山东，继兖州战役后，中共中央要求许世友、谭震林率领山东兵团乘胜拿下国民党山东省政府所在地济南。

济南是山东省的省会，当时有70余万人口，是津浦铁路和胶济铁路的交会点，连接华东、华北地区的战略要地，同时也是国民党山东省政府、第二绥靖区所在地。因其北靠黄河、南倚泰山，地形险要，易守难攻。

驻守济南的国民党将领是第二绥靖区司令官王耀武，指挥整编第九十六军（辖第二师、第八十四师，独立旅）、第七十三师等部，共3个整编师、9个正规旅、5个保安旅及特种兵部队总计约11万人，控制着东自韩仓，西至长清，南起仲宫、张夏，北迄泺口、齐河之间的大片地区。

华东军区及山东兵团与粟裕部反复协商并报军委确定，以第三、九、十、十三纵队以及渤海纵队、鲁中南纵队等共约14万人组成攻城兵团，以聂凤智在东、宋时轮在西两个集团对济南实施钳形突击，以第十三纵队为攻城预备队，由华野山东兵团司令员许世友、政委谭震林、副司令员王建安负责统一指挥。另外，以第四、七、八、十一纵队及中野十一纵队、苏北兵团第二、十二纵队等共约18万人组成阻援兵团，由华东野战军代司令员粟裕指挥。很快，解放军在山东的总兵力已达到32万人。

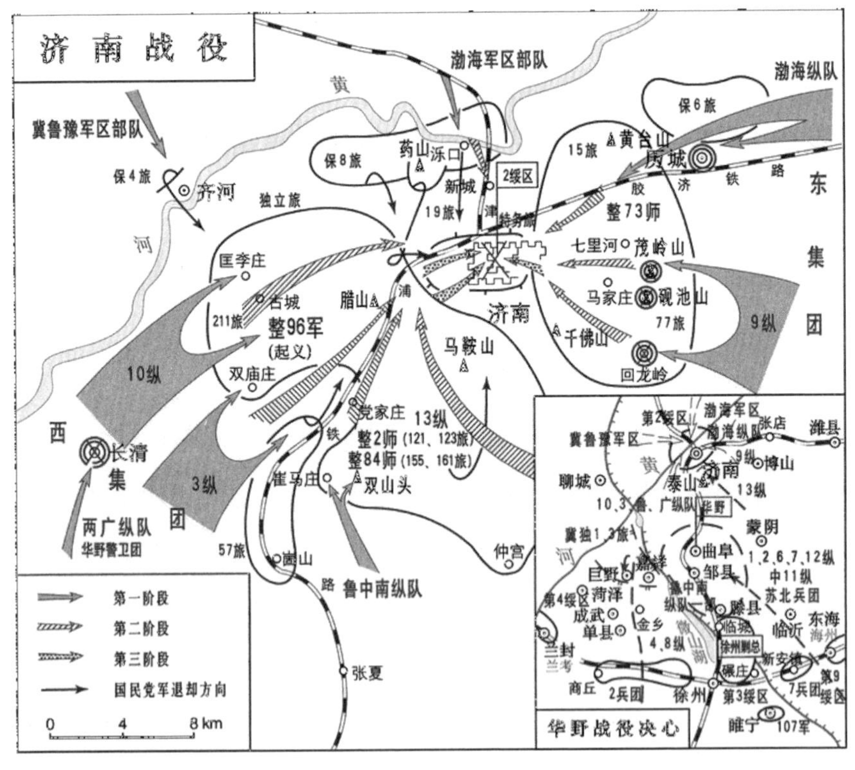

济南战役示意图

兵马未动，粮草先行。在战役规划阶段，中共中央决定以华东局为主、华北局为辅，统筹解决济南战役后勤保障工作。8月中旬，华东局在曲阜召开了由各地委书记和专员参加的济南战役支前会议，谭震林在会上作了动员讲话。会后，华东局、华东军区、山东省政府联合发出《济南战役总动员令》，调整并充实了山东省政府支援前线委员会，共设有15名委员、7名常务委员，由华东局秘书长郭子化、华东军区副参谋长袁仲贤分任正副主任委员，山东省政府民政厅厅长梁竹航任秘书长。下设秘书、政治、卫生三个处和运输、财粮、民力三个部，负责全省支前工作。为贯彻济南战役支前工作会议精神，中共山东分局安排渤海区负责支援鲁中南区，渤海区党委、行署共抽调800余名干部参加支前工作。9月，王雪亭担任了鲁中南区一专署（泰山专署）运粮总站站长。

王雪亭在1955年撰写的《自传》中说："1948年的9月开始，打济南，即山东省会，调出做粮食供应工作。在山东的泰山专区任运粮总站长兼组织委员，赵一川同志任书记。一直到济南战役结束。"《自传》中轻描淡写的几句话，实际上，当时的工作量之大却实在是惊人的。

济南战役发起之时，山东解放区刚刚渡过灾荒，粮食积存不多，又时值秋季，麦粮已大部分用完，仅剩零星尾存，而且秋粮未征。而战役需要粮食数目却巨大，攻城与打援部队、随军民工、后方临时民工共计93万人，连同马料在内，每天需要粮食263万余斤。根据当时粮食供应条件与以往经验，决定以战区、近战区为供应区，就地预征。战役中粮食供应具体分工是：济南城以东攻城部队由渤海一、二、三、四专署负责，准备粮食2837万斤；城南部队由王雪亭任运粮总站长的鲁中南一专署负责，准备粮食1520万斤；城西攻城部队由鲁中南七专署负责，准备粮食2810万斤；在南线打援部队由鲁中南四、五专署负责。广大群众积极支援前线，克服了秋粮未完全登场与秋雨连绵等种种困难，掀起了抢收、速碾、快磨的筹粮热潮，超额完成了预征任务。

16日午夜，解放军发起全线猛攻。至24日晚，全歼国民党守军，济南宣告解放。

济南战役是解放军首次攻克国民党10万重兵据守大城市的战役，是解放军从农村包围城市到攻克大城市作战方针实现根本转变的标志性战役，也是蒋介石以大城市为主的“重点防御”体系总崩溃的开始，因此具有极为特殊的历史地位和重大意义。济南战役胜利后，山东兵团按照5月就确定的计划全部南下，与中原、苏北各部协同，在陇海路东段进行更大规模的歼灭战，逐次歼灭徐州地区的敌人。

济南战役结束后，菏泽、临沂、烟台等地的国民党军队纷纷弃城而逃，山东境内只剩下青岛等地的少数据点，华东、中原、华北解放区连成一片，使得解放军南下作战再无负担。当济南城内巷战仍在激烈进行时，粟裕就于1948年9月24日7时发电报给中央军委：“建议即进行淮海战役”。中央军委经过慎重考虑，于1948年9月25日19时复电，同意粟裕的建议：“我们认为举行淮海战役，甚为必要。”

为了做好淮海战役的后勤保障工作，中央军委副主席周恩来委派总后勤部部长杨立三，协同华东野战军后勤司令部司令员刘瑞龙、中原野战军后勤司令部司令员刘岱峰共同负责筹办淮海战役后勤与支前等事宜。11月4日，为支援淮海战役，华东局电令成立华东支前委员会（简称“华支”），鲁中南区党委第一副书记兼军区司令员傅秋涛任主任委员，梁竹航任副主任委员，唐少田、白备伍、张雨帆、张劲夫、魏思文等任委员。该委员会是在华东局直接领导下，服务于战争支援工作的临时性机构，其任务是调动、组织巨大的人力、物力支援规模庞大的人民解放战争，并根据华东局指示向下属支前机构发布指示或命令。内部机构主要设有政治部、人力部、粮食部、财政部、交通部和民站部，同年12月，又增设俘管部、人武部；下辖鲁中南、渤海、胶东区支前司令部和江淮、苏北、苏南、皖南、赣东北、浙北等支前委员会或支前司令部。

淮海战役是中国人民解放战争战略决战中时间最长、规模最大、歼敌最多的一场战役。在此战役中，国民党方面投入的部队是徐州“剿总”总司令刘峙、副总司令杜聿明指挥下的黄百韬兵团、邱清泉兵团、李弥兵团、孙元良兵团及后来从华中赶来增援的黄维兵团和冯治安、李延年、刘汝明3个绥靖区的部队，总兵力近80万人。人民解放军参战部队系华东、中原两大野战军和华东军区、中原军区、晋冀鲁豫军区的部分地方部队共约60万人。人民解放军和随军民工达百万以上，每日需要粮食300万斤，这是古今中外战争史上所罕见的。淮海地区又是敌人长期掠夺和连年遭受灾害的地域，群众生活极其艰苦。因此，部队需要的粮食相当大的一部分要靠从山东、河南、安徽、江苏调运。其中半数以上是从山东调运。从山东解放区到前线，不仅要翻山越岭，而且还要通过河汊湖泊。主要靠民工肩挑、牲畜驮运和小车推运，再加时值寒冬，气候恶劣，常降雨雪，给运输带来不便。因此，对于淮海战役的粮食供应，各级领导均非常担心。华野在通令中指出：“这次战役的发展，是继济南战役胜利之后，根据目前全国形势与部队的思想情绪，均有胜利条件与信心。所感困难者唯有粮食问题……我们为了胜利，此次战役的粮食工作应引起各级负责同志的注意。”

为了保证前线部队的粮食供应，华东支前委员会决定先从接近战区的鲁中南第四、五、六专署征调粮食1亿斤，作为一线粮食，在此基础上再从渤海、胶东等地后方调运。也就在此时，王雪亭调任鲁中南区六专署（滨海专署）运粮指挥。与第四、五专署运粮指挥一起担负起淮海战役前期一线粮食的供应工作。

11月6日，淮海战役打响后，由于战前准备比较充分，后勤保障工作进行得比较顺利。可随着战役规模的扩大，我参战部队进展神速，原来预设的粮站、兵站、医院等都被远远地甩在后面，小车、挑子、担架队都赶不上急行军的部队，粮食供应也开始出现一些问题。在这种情况下，刘瑞龙等后勤领导当机立断，除应急动用华中地区预存粮食外，一面组织部队就地筹措粮草，一面发动群众，组织一切可以动员的力量赶运粮食，连上前方的担架都捎带上粮食。同时，采取了增设粮站、分段运送和直接运送相结合的方法，将山东和华中的粮食抢运到作战部队。至11月11日，国民党军黄百韬兵团被包围在碾庄地区后，我军各方面供应都及时得到了补充。

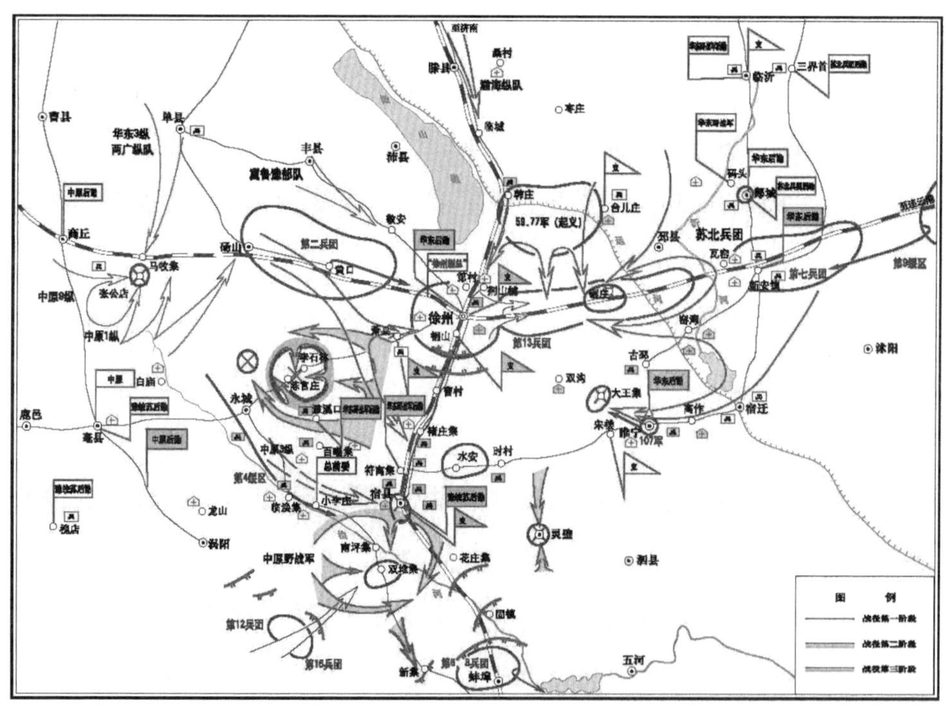

淮海战役实施阶段后勤部署图

整个淮海战役期间，地方总共动员民工543万人（其中随军常备民工22万人，二线转运民工130万人，后方临时民工391万人），准备牲口76.7万头、担架20.6万副、大小车88.1万辆，挑子30.5万副、汽车257辆、船只8539艘。另外，各地支前机关还组织粮食供应站110余处，筹集粮食4.8亿公斤，协助部队后勤部门前送弹药1460万斤，后转伤员11万余人。

1949年3月，准备渡江战役时，华东局决定重新成立华东支援前线委员会，傅秋涛仍任主任，并成立华东支援前线司令部，傅秋涛兼任司令员，曹荻秋任副司令员，宋任穷任政委，统一领导山东、华中两地的支前工作。内设政治部、粮食部、人力部、交通部、财政部、民站、船舶管理部、人民武装部及两个前方办事处。王雪亭调任江淮区党委财粮部部长，为渡江战役筹集财粮。部队渡江后，华东支前司令部在江南设立了苏南、皖南、浙江、赣东北四个支前办事处，王雪亭担任苏南支前办事处（司令部）财粮部副部长，负责筹集粮草支援上海战役。5月27日，上海解放，王雪亭跟随办事处进驻上海。

参加西南服务团

1949年5月23日，中央军委电令正在浙赣线战备休整的第二野战军："应准备两月后，以主力或全军向西南进军"，解放大西南。这就需要一大批干部随军前往西南地区，做好西南地区的接管、建政工作，为建设新西南服务。5月30日，中央对粤、桂、滇、川、黔、宁、青等地所需干部的问题作了研究。6月11日，中共中央正式发出了《关于准备三万八千干部的布置》。按照此精神，华北、东北、华中等解放区立即行动起来，积极为即将解放的西南准备干部。

根据中央的部署，邓小平在上海举行华东局会议，提出从南京、上海等地区招收青年知识分子和职工到西南服务的建议；6月初，邓小平在南京召开了二野前委会，研究部署进军西南的有关问题，会上邓小平建议，组建的这支干部队伍定名为"中国人民解放军西南服务团"，直属第二野战军政治部领导。

6月中旬，西南服务团总部在南京正式成立，经二野前委确定，抽调第二野战军副政委、南京市委副书记宋任穷任西南服务团团长，南京市副市长张霖之、华东支前司令部副司令员曹荻秋、第二野战军第三纵队政委兼皖西区党委书记彭涛任副团长。

西南服务团的干部成员主要由两部分组成：一部分是从北方各老解放区南下支援前线的6000多名干部，王雪亭即在此中；另一部分则是从上海、南京、苏州等各大院校招收的11000多名进步青年学生和知识分子。全团17000多人。

根据华东局的安排，进驻上海的华东支前司令部副司令曹荻秋、政治部主任魏思文、政治部副主任兼苏南前方办事处主任王永福、苏南前方办事处副主任张庆林于6月初即在上海筹备组建上海西南服务团，由曹荻秋兼团长，张庆林（后魏思文）任副团长。林松任行政处第一处长，王雪亭任行政处第二处长。

7月24日晚，上海西南服务团招收的第一批四支大队的2600余人，乘坐火车，冒着强台风袭来的狂风暴雨，离开上海到南京集中。

到达南京后，上海西南服务团与南京西南服务团分别改为西南服务总团第一团和第二团。

第一团党委书记、团长曹荻秋，副书记、副团长魏思文，张庆林、梁岐册和夏戎为党委委员；政治部部长由副团长魏思文兼任，副部长王永福；行政处处长陈筹，副处长李华肪、王雪亭；供给处处长王元荣，副处长穆成友；卫生所长曹光德，医疗队长杨德寿，指导员刘傅。第一团下设重庆支队、川东支队等6个支队及技术大队、四川干部队、财经大队、文艺大队等。从7月开始，西南服务团在南京集训。学习的内容主要有马克思主义基本知识、新民主主义理论和新解放区政策等。其间，刘伯承、邓小平、粟裕、宋任穷等都给大家上过培训辅导课，尤其是邓小平在中央大学操场作的报告最振奋人心。

1949年国庆节，王雪亭一家在南京的合影。前排左起：王雪亭妻子李淑贞、幼女王慧茹、王雪亭、三女王慧兰，后排长女王慧英

那一段时间，王雪亭和家人在南京度过了一段忙碌而又幸福的生活。王雪亭的妻子李淑贞、长女王慧英、三女王慧兰、幼女王

西南服务团从南京出发

慧茹都被接到南京。国庆节那天，他们一家人在南京留下了珍贵的合影。

按部队编制，西南服务团被列为进军大西南的第五梯队，随战斗部队同步进军。西南服务团于10月1日凌晨开始，先后离开南京向大西南进军。10月下旬至11月初，重庆支队、川东各支队均在湖南常德进行了整编。整编期间，听取了陈锡联、曹荻秋以及常德地委、市委等领导同志的报告。

11月1日，西南战役开始。西南服务团各支队紧跟各野战部队前进。其间，负责接管贵州的西南工作团和川南支队、云南支队跟随五兵团前进，重庆支队、公安支队、川东支队等则跟随三兵团前进。

11月23日，中共中央西南局在湖南常德宣布成立。邓小平任第一书记，刘伯承任第二书记，贺龙任第三书记。11月30日，重庆解放。随后，重庆市军管会、中共重庆市委、重庆市人民政府相继成立。张际春为重庆市军管会主任，陈锡联、张霖之为副主任；陈锡联为中共重庆市委第一书记，张霖之为第二书记，曹荻秋为第三书记；陈锡联任重庆市人民政府市长，曹荻秋任副市长。重庆市各党政机关

解放西南胜利纪念章

陆续建成完善。王雪亭担任中共重庆市委行政处处长。

重庆为中央直辖市，西南军政委员会驻地，当务之急是要建立新政权，运转国家机器。西南服务团重庆支队定额2472人，进军途中很是壮观，但要接管这座上百万人口的大城市，却显得捉襟见肘。当时，重庆共有厂矿企业464家，学校352所，还有大量银行、仓库、房产、公共设施等，到处需要人手。盘算下来，像101钢铁厂（后更名为重庆钢铁公司）、民生轮船公司这样的大型企业，最多只能派出1个军代表和3个联络员。所有干部都派出去了，告急的电话依然响个不停。为此，市委召开紧急会议，曹荻秋在会上提出“宁缓勿急，稳步前进，广泛发动和依靠工人、职员，自上而下按系统有秩序接管”的方针，随即成立了政务、军事、后勤、房地产、财经、交通和文教7个接管委员会，按系统归口对物资、财产、档案和人员全面接收。西南服务团发挥了应有的骨干作用，短短53天就顺利接管了重庆，建立了各级人民政权。社会秩序初步建立，老百姓基本安居乐业。

遭受错误处分

1950年6月，王雪亭调任重庆市税务局城区分局局长。在这个职位上，难免与私人工商业者打交道，当然也就有人盯上了他的位子，想要通过他获得利益。其中有一个女商人张××，主动与王雪亭的妻子王均结识，并很快与王均成为朋友。一次，张××到王雪亭家中做客，趁王均不注意，从王雪亭的办公桌上偷走了一个减税3000元的批文。

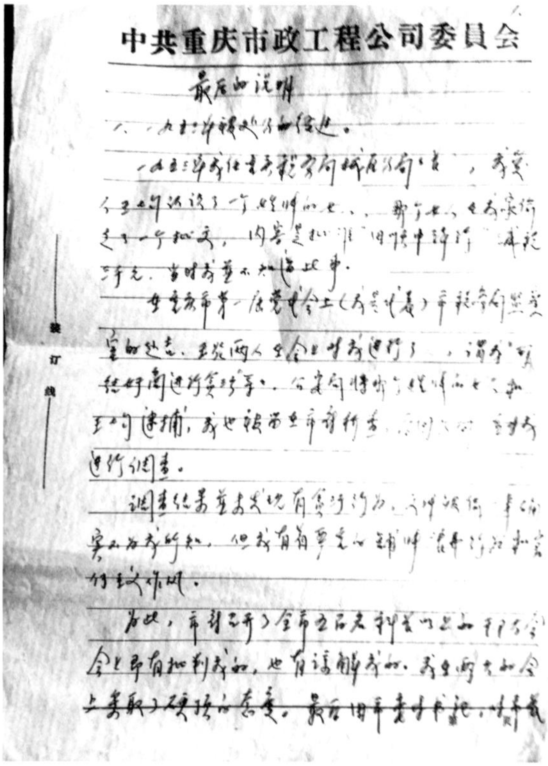
中共重庆市政工程公司委员会

最后的说明

装订线

王雪亭《最后的说明》第1页

重庆市“三反”“五反”运动开展以后，张××违规用批文逃税的事情被发现了，市税务局监察室向重庆市政府报告，说王雪亭“勾结奸商进行贪污”，于是公安局逮捕了王均和张××，同时将正在市政府开会的王雪亭留置检查。随后，王雪亭回到税务局城区分局，接受调查。经过一番调查，并未发现王雪亭有贪污行为，但是，文件在家中被偷毕竟是有错误的，而且在调查中有人说王雪亭有包庇王均的行为，还有铺张浪费行为和官僚主义作风。在随后召开的全市科级以上党员干部大会上，有人对王雪亭进行批判，也有人表示谅解。王雪亭觉得受了委屈，倔强的个性使他不能做到委曲求全。他认为，这是个别人对他无限上纲，他不服，采取了硬顶的态度，最后重庆市委认定：王雪亭尽管在历史上是有功的，但在对自己的错误认识上态度恶劣，应予纪律制裁，给予留党察看一年的处分。1952年2月，重庆市政府上报西南军政委员会人事部批准，撤销了王雪亭重庆市税务局城区分局局长职务，工资由14级降为18级。

就在王雪亭被处分不久，他的老同学、在任利津县县长时的秘书樊廉泉从山东跑到重庆，来向他这个老领导寻求保护。原来，樊廉泉在“三反”运动中也遭受了委屈，他不知道此时他的老领导王雪亭也已经受到了处分。王雪亭左右为难，他心里很明白，此时的他应该避免掺和到这件事中。可是，他对自己的这个老部下是很了解的，自己的老部下受到了不公对待，千里奔波来到重庆寻求帮助，他怎么能忍心不管呢？作为一个在领导岗位上多年的干部，他当然很清楚这种事应该向组织报告。可是，他怎么能报告呢？报告后，组织上还会让他给部下做证明吗？思前想后，他还是毅然决然地给樊廉泉写了证明信。然而，樊廉泉并没能因为这封证明材料躲过一劫。后来，山东有关部门将这件事通报给重庆市委，王雪亭所在的党支部认为，“一个共产党员在留党察看期间继续犯错误，包庇贪污分子，不向组织报告”，是一个严重的错误，遂于1952年7月报经上级批准，以“贪污、欺上瞒下、对抗组织，‘三反’中包庇放走大贪污犯”为由，给予王雪亭开除党籍处分。

樊廉泉后来继续工作，并主动要求到艰苦的边疆地区——西藏工

王雪亭晚年照

作。1976年，樊廉泉特意从西藏赶到重庆，为自己给老领导带来的大麻烦而道歉。1978年，山东有关部门曾给重庆送交材料，证明王雪亭当时并未包庇樊廉泉。

受到处分以后，组织上鉴于王雪亭有较强的工作能力，安排他去市政府行政处负责修建市政府大楼的工程。工程竣工后，组织上考虑到王雪亭一年来的表现，准备研究撤销他的处分问题。1954年5月，重庆市委开会讨论王雪亭的表现和以前的处分问题。王雪亭本人也参加了会议。在会上，因为有不同意见，发生了争吵，王雪亭的党籍问题没有得到解决。

就在王雪亭陷入苦闷之际，重庆市副市长陈筹向他伸出了援手。早在西南服务团组建之初，陈筹就与王雪亭在一起工作，那时，陈筹是西南服务团第一团行政处处长，王雪亭担任行政处副处长。陈筹对王雪亭的为人处世以及工作能力都是比较了解的。出于对王雪亭的爱护和关心，陈筹亲自找到王雪亭，劝他改变态度，并让他写一个承认以前态度不好的检查交给市政府党组。随后，又安排王雪亭担任重庆市建筑工程管理局计划科负责人。

1956年春，重庆市建筑工程管理局市政公司党委书记、经理项辉志因为非常了解王雪亭的工作能力，向上级提出想调王雪亭到市政公司协助自己工作。对此，重庆市副市长陈筹和市建筑工程管理局局长李仲直找王雪亭谈话，把这件事告诉了王雪亭，说："我们也认为这是对你的一次考验，希望你先去工作，我们也一面准备写报告上去，考虑撤销你的行政处分和恢复你的党籍问题。"5月，重庆市政府撤销了对王雪亭的行政处分，随即由市建筑工程管理局向中共重庆市委建筑交通部呈报了拟提拔王雪亭担任市建筑工程管理局市政公司副经理的报告。6月，中共重庆市委建筑交通部批准王雪亭为重庆市建筑工程管理局市政公司副经理。

到市政公司后，副市长陈筹与中共重庆市监察委员会书记廖苏华、副书记李宪昌以及市建筑交通部领导分别找王雪亭谈话，都说王雪亭的党籍和级别问题，经过研究报市委无大问题，但也向王雪亭指出要端正态度、改掉坏脾气。

干部任免呈报表

姓名 王雪亭　性别 男　出生年月 1910年　籍贯 山东

现任职务 市建管局计划科负责

拟任职务 市政公司付经理

历史上有何政治问题，结论如何？ 1937年参加国民党，经过厂是清楚

重庆市建筑工程管理局1956年5月拟提王雪亭担任建管局市政公司副经理的《干部任免呈报表》复印件

1957年6月14日，根据中央部署，中共重庆市委召开常委会，检查全市“鸣”“放”情况，部署整风和反击右派的工作。6月下旬以后，全市整风运动发展成为反右派斗争。

反右斗争开始的时候，由于市政公司党委书记项辉志生病，一些正在开展中的工程由王雪亭具体负责。有一次，市监委办公室主任郑林告诉王雪亭说，鉴于他这段时期的工作表现，市监委已决定报党委，准备恢复他的党籍。王雪亭打电话从陈筹那里也得到了证实。

正在王雪亭一边埋头苦干、一边热切地渴盼着重回党组织怀抱的时候，市政公司党委突然把他从工地上召回机关，莫名其妙地被宣布为“资产阶级右派分子”，与他一起被戴上“右派”帽子的还有公司的另外5个人。没有人告诉他为什么给他戴上这顶“右派分子”帽子，王雪亭自己也不明白到底为什么。他只是一再表示自己没有说过什么错话，“在整个‘鸣放’中我既未写过一张大字报，也未在大会上发过一次言”。

1958年1月10日，重庆市政法和文教部门决定，下放300多名干部到巴县广阳坝建立国营农场，并对下放干部参加农业劳动的有关问题作了具体安排。随后，王雪亭即被下放到广阳坝农场劳动。

在王雪亭等人全力建设广阳坝农场的时候，包括重庆市在内的全国大部分地区又遇到了一个严峻的考验，那就是从1959年开始的“三年经济困难时期”。

王雪亭被打成右派后，家人也受到牵连。1959年，王雪亭的二女儿王慧荣和三女儿王慧兰在村里要求上进，写了入党申请书。但因为她们的父亲是右派分子，自然不能获得通过。王慧兰非常气愤，她觉得这个右派分子父亲，从她小的时候起，就没怎么在家关照过她，只是给她带来了受人鄙视的灾难。所以，她对父亲有一股子怨气，一气之下竟然说出了不再姓王、要与父亲划清界限的气话。王雪亭的老部下、原惠民地区行署副专员刘之申向她们详细介绍了王雪亭的生平事迹，使得他的女儿们改变了看法。

刘之申（1918—1998），寿光人，1937年9月参加革命工作，1940年2月加入中国共产党。历任寿光游击中队指导员，中共寿光县委警卫队指导员，垦区抗日小学教导主任、党支部书记，利津县政府教育科科长、秘书科科长，惠民专署供销社主任，惠民专署计划委员会主任，惠民地委工交部副部长，惠民专署财贸办公室主任，省人民银行党组成员、办公室主任，省石油化工会战指挥部办公室副主任，省委南郊宾馆联络组组长，惠民地委副秘书长，惠民地区行署副专员，省胜利油区领导小组副组长等职

1961年9月21日，中共重庆市委决定成立市改造右派分子工作领导小组，领导右派分子摘帽工作。不久，王雪亭被摘掉了“右派”帽子，重新回到重庆市市政公司工作，并先后被委任为市政公司总务科副科长、材料科副科长。

王雪亭夫人李淑贞（中坐者）与长女王慧英（左坐者）、女婿李兴江（右坐者）、三女王慧兰（后排右）、四女王慧茹（后排左）于1965年8月在吉林合影

“文化大革命”开始以后，王雪亭预感到自己免不了再次受到冲击。因此，一向性格倔强、敢说敢为的他不得不一再提醒自己要谨言慎行，家人和亲友更是为他提心吊胆。可是，他最终还是没有逃过这一劫。

王雪亭与家人1968年春节于重庆，前排王平，后排左王雪亭，后排右王均

1968年6月4日，重庆市革命委员会布置对所谓“国民党残渣余孽”“反革命”进行清查，市革委人民保卫组布置对全市原国民党起义将领、民主党派成员和无党派民主人士进

行摸底排查，列出逮捕、拘捕、集训、管训名单。随即，各级革委会纷纷建立“清队”办公室，街道、车间、生产队、学校班级建立起群众“清队”小组。王雪亭作为国民党起义军官，自然逃不过这一次“摸底排查”，其中，1956年5月重庆市建筑工程管理局在他担任建管局市政公司副经理的《干部任免呈报表》上，白纸黑字写着“伪军官”。随即，他就被隔离审查。他后来在自述材料《晚年的请求》中写道：“从68年—72年我进入‘牛棚’接受审查达四年之久，尽管我当时已是60岁的年龄，我仍然接受了市政公司对我的严峻审查。在此期间，我在肉体上和精神上受到的考验，达到了我一生所未有的地步，考验可谓严矣。”

回到组织怀抱

党组织和王雪亭的老领导、老同事对王雪亭的事一直是很关心的。1969年，时任济南军区副司令员的杨国夫和时任铁道部生活管理局副局长的马千里分别为王雪亭出具了证明材料，杨国夫在证明材料中说："王起义后政治表现是不错的。"

1976年10月，延续十年之久的"文化大革命"结束了。王雪亭和家人盼望着能够真正地摘掉"右派"帽子，重新回到党的怀抱。1978年4月29日，中共重庆市委批转市委组织部、统战部《关于贯彻中央全部摘掉右派分子帽子指示的意见》，要求市属各单位参照执行。

1978年2月28日，王雪亭在重庆南泉

1978年6月，王雪亭向党组织递交申诉材料——《晚年的请求》。在这篇近3500字的自述材料中，他回顾了自己大半生的人生历程，对自己50年的人生经历进行了认真地自我剖析。他说："回顾完近50年的简历，能说些什么呢？除了内愧，还是内愧。至于文首所提的那个‘混’字，大概应该算到‘四人帮’头上去了吧。20余年来，我无时不在反省，我深深感到，党对我是关怀的，而我也本是有错误和缺点的，我对不起党对我的培育。我的主要错误在于当初没有以正确的态度去对待组织、对待自己，以至于一错再错，到头来一塌糊涂，教训不能不说是沉痛的。”

1979年初，王雪亭身患癌症已经十分严重，在到上海住院治疗之前，他向党组织递交最后一份自述材料——《最后的说明》。在这份材料中，他对自己被行政处分和开除党籍的事情作了说明，并留下了“遗言”：“这是我生前最后一份自述了，我的遗愿是：恢复我的党籍。”

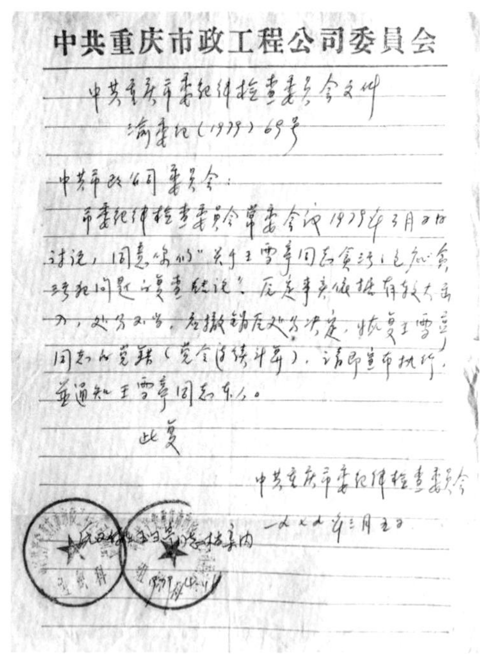
中共重庆市政工程公司委員会

中共重庆市委纪律检查委员会文件
渝委纪（1979）69号

中共市政公司委员会：

市委纪律检查委员会常委会议1979年3月2日讨论，同意你们“关于王雪亭同志贪污、包庇贪污犯问题的复查结论”。原定事实依据有较大出入，处分不当，应撤销原处分决定，恢复王雪亭同志的党籍（党龄连续计算），请即宣布执行，并通知王雪亭同志本人。

此复

中共重庆市委纪律检查委员会
一九七九年三月五日

中共重庆市委纪律检查委员会文件抄录件

1979年3月2日，中共重庆市委纪律检查委员会常委会议撤销对王雪亭的错误处分，恢复其党籍。3月5日，中共重庆市委纪律检查委员会将关于撤销王雪亭处分的文件发给重庆市市政工程公司党委，并要求通知到王雪亭本人。随后，重庆市市政工程公司党委专门安排人员将文件的抄件送到上海，重病中的王雪亭百感交集，热泪盈眶。他终于又重新回到了党组织的怀抱。3月20日，王雪亭病逝于上海龙华医院。3月25日，在上海龙华医院举行王雪亭遗体告别仪式。

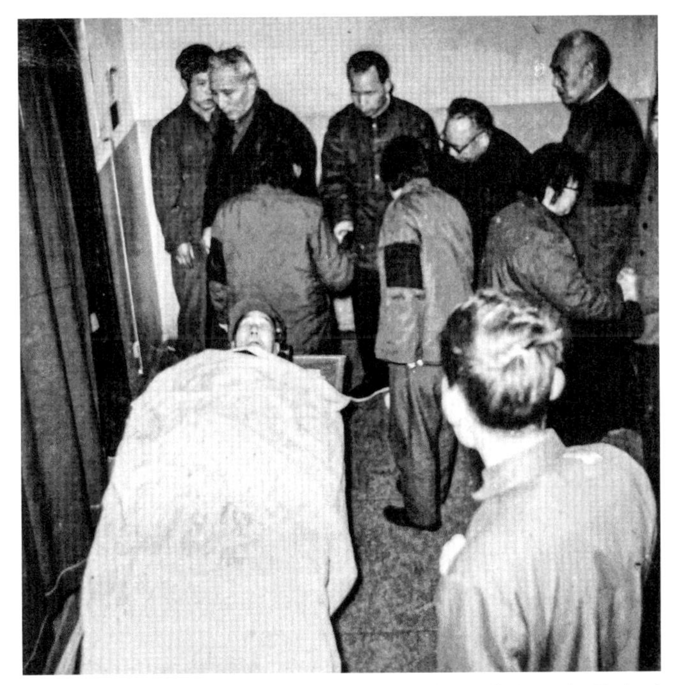

1979年3月25日，重庆市部分领导及王雪亭生前友好赶赴上海参加王雪亭遗体告别仪式

1984年4月15日，重庆市城建局召开了追悼大会，对王雪亭在抗日战争、解放战争和社会主义革命与建设时期的功绩以及他对党的事业的坚贞忠诚，给予了很高的评价。悼词中写道："雪亭同志立场坚定，工作努力，为中国人民的解放事业做出了贡献。他工作中勤勤恳恳，深入实际，任劳任怨，经常带病参加工作……坚持原则，敢于斗争，顾全大局，团结同志，保持了革命者的本色。"

同年5月，中共惠民地委为王雪亭举行了骨灰安葬仪式，将其骨灰安放在惠民地区老干部纪念堂。

1995年4月，按照他生前的遗愿，滨州地区与东营区民政部门将其骨灰移至其故乡王家村墓地。翌年清明节，王雪亭的老部下、原惠民行署副专员刘之申和原惠民地委常委、秘书长邢天才在王雪亭墓前竖立纪念碑，并撰写了碑文。

王雪亭魂归故里。

王雪亭与夫人郑淑芬、李淑贞合葬墓

王雪亭大事年表

王雪亭大事年表

1911年1月29日（农历庚戌年腊月二十九日） 王雪亭出生于山东省蒲台县三区王家村（今属东营市东营区）。祖父王超凡、祖母戚氏，父亲王善庆、母亲刘氏。

1928年 考入蒲台县教会学校——鸿文中学。

1929年 考入山东省立第一中学。

1930年夏 考入山东陆军士官教导团。

1931年 担任国民党鲁北民团指挥部副中队长，后回到蒲台县任警备大队中尉副连长。

1931年 被人诬告“通匪”，含冤入狱年余，后经亲朋保释出狱。

1933年 担任国民党广饶县大队副连长。

1935年 因病返回家乡，做轧棉花生意。

1937年 任蒲台县常备大队教官。后任国民革命军第三集团军第十二军第八十一师教导团一营营长，奔赴抗日前线。

1937年12月 率部离开第八十一师，回到蒲台县坚持抗日斗争，与国民党蒲台县大队、公安局武装合并整编为蒲台县抗日混成团，任副团长。

1938年春 蒲台县抗日混成团团长李长庆牺牲，王雪亭改任团长。

1938年 蒲台县抗日混成团改编为国民党山东保安第九团，王雪亭任团长。

1938年7月 加入中国国民党。

1939年7月 接受共产党的统一战线思想，支持共产党的抗日斗争。

1940年6月 率部起义反正，宣布脱离国民党。

1940年7月 被选举为蒲台县抗日民主政府县长。

1941年2月 率国民党山东保安第九团正式改编为八路军山东纵队第三旅独立团，任团长。不久，在反日伪“扫荡”中，取得灰庄子战役胜利。

1941年冬 调任八路军清河军区政治部统战室主任。

1942年4月 代理垦区行政委员会主任，8月，正式任垦区行政委员会主任。

1943年4月 垦区行政委员会改为垦利县抗日民主政府，王雪亭被选举为县长。

1942年、1943年 清河区抗战最艰难时期，王雪亭在担任垦区行政委员会代主任、主任和垦利县抗日民主政府县长期间，加强基层政权建设，开展土地清丈、安垦及灭蝗斗争，促进了垦区农业生产。与垦区人民一起，在清河区党政军领导下，取得了反“扫荡”、反“蚕食”、反“清剿”斗争（尤其是“二十一天反‘扫荡’”）的胜利，度过了最困难时期，为开辟和巩固垦区抗日根据地作出贡献。

1944年4月 赴中共山东分局党校学习，至同年冬完成学业。

1944年10月 经李人凤、刘群介绍加入中国共产党。

1944年10月 被选举为利津县抗日民主政府县长。

1945年2月 赴利津就任县长。

1946年4月 被利津县第一届参议会选为利津县行政委员会主任委员。

1947年10月　调离利津县，后赴华东局党校参加整风学习。

1944年至1947年　担任利津县抗日民主政府县长期间，积极开展统战工作，团结社会各阶层，带领干部群众查减反霸、灭蝗治黄、参军支前，各项工作均取得较大成就。尤其是在治黄抢险工作中，身先士卒，与民夫同甘共苦，在危急时刻跳入水中堵漏，防洪抢险取得胜利，受到渤海行署表彰。

1948年9月　济南战役期间，任鲁中南区一专署（泰山专署）运粮总站站长兼组织委员。

1948年11月　淮海战役期间，任鲁中南区六专署（滨海专署）运粮指挥。

1949年3月　任江淮区党委财粮部长。

1949年5月　任华东支前司令部苏南前方办事处（司令部）财粮部副部长。

1949年6月　任中国人民解放军西南服务团行政处第二处长，后调任西南服务团一团行政处副处长。

1949年11月　重庆解放后，任中共重庆市委行政处处长。

1950年6月　任重庆市税务局城区分局局长。

1952年2月　遭受错误处分，被留党察看一年，撤去重庆市税务局城区分局局长职务。

1952年7月　遭受开除党籍处分。

1955年　任重庆市建筑工程管理局计划科负责人。

1956年6月　任重庆市建筑工程管理局市政公司副经理。

1957年　在“反右派”运动中被错划为右派分子。

1958年　下放到重庆市广阳坝农场劳动。

1961年9月　摘掉“右派”帽子，重新回到重庆市市政公司工作，任总务科副科长。

1968年 被隔离审查。

1973年 任重庆市市政公司材料科副科长。

1979年3月2日 中共重庆市委纪律检查委员会常委会议决定撤销对王雪亭的错误处分，并恢复其党籍。

1979年3月20日 病逝于上海龙华医院。

1984年4月15日 重庆市城建局为王雪亭召开了追悼大会。

1984年5月 中共惠民地委为王雪亭举行了骨灰安葬仪式，将其骨灰安放在惠民地区老干部纪念堂。

1995年4月 滨州地区与东营区民政部门将其骨灰移至其故乡王家村东北。

1996年4月4日（清明节） 原惠民地区行署副专员刘之申，原惠民地委常委、秘书长邢天才在王雪亭墓前竖立纪念碑，并敬撰碑文。

纪念文章

深切怀念王雪亭同志[①]

刘之申

王雪亭同志是抗日战争时期山东境内第一个起义的国民党团级军官。

1944年至1947年，王雪亭同志任利津县县长期间，我是中共利津县政府县团成员（相当于县政府党组成员）、文教科长、秘书科长。当时王雪亭同志还不是正式党员。我受党的委托，协助雪亭同志做政府工作。我意识到这种特殊的工作关系，更加注意我们之间的团结，王雪亭同志也非常尊重我的意见。因王雪亭同志工作比较忙，县政府的主要文稿、讲演稿多是由我起草，王雪亭同志很少改动。我们在一起工作4年多，相处甚为融洽，工作配合得很好。

这段时间正是利津县工作、斗争最紧张的时期。反奸诉苦、土改、支前、治黄、灭蝗……艰巨繁重的任务一个接着一个。就在这种艰苦、紧张的环境中，我们相互支持和信任，亲密无间，完成了组织上交给我们的任务，结下了深厚的友谊。

1979年，王雪亭同志患癌症已十分严重，从重庆去上海治病途中，在船上给我写了封长长的信，倾吐积愫，情挚意笃，使我忆及往日的情

① 原载侯玉杰、孙明编著：《刘之申》，天马出版有限公司2007年版，第208—212页。收入本书时编者作了订正。

谊，激动不已。立即复信诉情，但因他是途中写信，地址不详，当我托张竹天同志（当时是上海市民政局局长）把信转去时，王雪亭同志已谢世长眠了。至今每当忆及，总引以为憾，怅然若失。今年3月是王雪亭同志逝世8周年的日子，特撰此文，以寄托深切的怀念。

一、跟着共产党走

王雪亭同志，山东省原蒲台县老于家庄人①。1911年腊月二十九日出生于农民家庭。1945年②由李人凤、刘群同志介绍加入中国共产党。王雪亭自8岁上学，读过私塾和高小，他敏而好学，学业优良，1928年考入鸿文中学，翌年又考入济南省立一中。就读数月后，因局势混乱而辍学。1930年考入山东陆军士官学校，毕业后被分配到鲁北民团指挥部任中尉副连长。他从年轻时就富有正义感，对封建反动势力疾恶如仇。1931年春节，他带领士兵抓捕了一批赌博、吸大烟、卖鸦片的歹徒游街示众，因而得罪了地方豪绅、封建势力，结下了不解之冤仇。他们便联名诬告雪亭“通匪”，雪亭因而含冤坐牢年余。后经朋友保释出狱，到广饶县大队任中尉副连长。历时年余，因病回家。后曾与友人经营轧棉花生意。1937年，蒲台县麻湾险工黄河决口，他家产被冲没，王雪亭带母亲、妻、子等5口人，经同学帮助到蒲台县警备大队当训练新兵的教官。所训练新兵被编为国民党军八十一师教导团后，王雪亭任一营营长，同年10月，八十一师在德州战败后溃逃。王雪亭率其全营士兵回到蒲台县，和国民党县大队、公安局合编为抗日混成团，王雪亭任副团长。1938年，又经国民党山东省主席沈鸿烈任命为保安九团团长，并于

① 王雪亭实为王家庄人。1958年，老于家庄与新于家庄、陈家荒、刘家庄、王家庄5个自然村组建为老于家生产大队，直至1982年1月撤销联村行政村，故有此说。——编者注

② 此处系作者笔误，应为1944年。——编者注

农历六月间，由何思源介绍加入国民党。

王雪亭虽然混迹于旧军队、旧官府中，但有强烈的民族意识和爱国心。1938年，由我清河区八路军三支队后方司令马千里同志带信给王雪亭同志，并把它介绍给三支队司令杨国夫，建立了联系。1939年，日军对我后方疯狂“扫荡”时，八路军的营长郑大林，带领几名伤员转移到蒲台时，王雪亭主动与郑大林联系，帮助安排、治疗伤员，亲如一家。

上述活动，被国民党保安司令薛儒华（后成为投降派）探知，并截获王雪亭同志与八路军联系的信件，便下令通缉王雪亭同志，并将其母亲和孩子抓去做人质。王雪亭同志和薛儒华的部队，便公开发生了冲突。这时，八路军二支队杨国大司令闻知，便派一个骑兵连给予支援，打败薛部之后，用俘虏到的薛部军官换回了王雪亭的母亲和孩子。1940年春，王雪亭率其所属部队宣布起义，公开与国民党决裂，并主动要求改编为八路军，接受共产党的领导。这是抗战时期山东省第一个起义的国民党团级军官。

王雪亭是国民党［地方］上层社会有影响的人物，他抗日救国的正义行为，使国民党大为震惊，在群众（中）引起强烈的反响，人民群众深受鼓舞，增加了抗战胜利的信心。八路军三支队领导人杨国夫、徐斌洲等，为了统战需要，让王雪亭部仍保留原番号；派政治部主任陈楚、民运部长齐仲华，帮助王雪亭成立了蒲台县抗日民主政府，王雪亭任县长。1941年，皖南事变后，国民党发动了反共高潮，王雪亭毅然要求将部队改编为八路军山东纵队三旅独立团，以表示决心：坚决跟共产党走，决不动摇。1942年王雪亭同志调任垦区行政委员会主任，1944年利津解放后被选为利津县长。

王雪亭同志信仰马列主义，崇敬共产党人，并虚心向党员学习。1943年初春的一天，王雪亭同志专程找到我询问王云生同志（曾任山东省最高人民法院院长）的情况，王雪亭说："之申同志，你和云生同志是同乡，又在一起工作过，陪我去看看这位老前辈吧。"当时，王云生同志在垦区尚家屋子养病，生活十分困难。我和王雪亭同志见到他时，他正在坡里锄地。王云生同志见到我们时风趣地说："贵客到此，请到寒舍一叙！"可也真算上是"寒舍"了——在尚家屋子村南，用高粱秸搭架，抹上泥巴搭了两间草屋，王云生同志和老母亲就住在这里。做饭、烧水都要用土锅泥壶。在三块砖上用泥壶给我们烧水时，砖倒壶破，水也没喝成，王云生同志只好风趣地说："不成敬意，海涵海涵……"他那艰苦的作风，乐观的精神，使王雪亭同志十分感动，悄悄对我说："一个20年代中期的老党员，竟如此艰苦，共产党人真了不起！"王雪亭同志得知王云生同志的职务当时已是山东纵队民运部副部长时，非常激动，掉下了眼泪。事后，王雪亭同志立即派人给王云生同志送去衣服和粮食等生活用品。从此便经常探望，按时供应，使王云生同志安然度过了养病生活，身体很快得到康复。后来，每当王云生同志谈及此事，还很感激，称赞王雪亭同志是一个"情深义厚"的人。

二、人民县长为人民

1944年冬，王雪亭从山东分局党校学习回来后到利津县就任县长。这时，利津县城刚刚解放不久，还有些地区被敌伪残余、土匪、地方封建势力统治着，局势很不稳定，斗争非常紧张。王雪亭同志以其特有的社会地位和上层工作经验，积极开展统战工作，通过各条战线争取群众，团结各个阶层，取得了显著成效。当时的知识界、教育界，是统战工作的一个重点。我则负责抓教员以及社会上文化人士的政治思想和教育工作。在解放那年的冬季，我们还召开了全县教员训练班，王雪亭同志作了报告，起了很好的作用。有一次，我们召开士绅名流座谈会，王雪亭同志以县长身份作了抗战形势的报告，特别是以他自身的经历和体会，说明了国民党军队的腐败无能，只有跟着共产党、八路军抗战才有光明前途。士绅们受到深刻教育，盛赞八路军纪律严明，人民政府政策英明。会议开得活跃而成功，气氛融洽，一直到深夜11点才散。士绅们设宴相待，并表示，一定听政府的话，按共产党的政策办事。临走，王雪亭同志对带队的区领导同志深情地说："咱不能光听其言，更要观其行。对开明进步的，要团结；对反动的、要两面派的，要打击。……对离鬼子据点近的村镇，要展开政治攻势，教育争取一些上层人士，为发动群众创造条件。"利津北街士绅李玉如表示："坚决跟共产党走。"回家后就在土改大会上带头献田，对发动群众起了良好的作用。孟家坦的孟老先生，接到县长要他参加会的通知后，惴惴不安，穿着长衫，带上钱，准备应酬县长。但到了会上见到王雪亭县长衣着朴素，平易近人，没一点县长架子，便无拘无束地发言，讲出了心里话，并表示一定按照抗日民主政府的政策办。

为了扩大共产党的影响，进行革命传统教育，王雪亭县长召开了县府政务会议，决定兴建利津县烈士祠，他兼任建祠筹委会主任。他和县府领导同志亲自设计方案，将抗日战斗中屡建大功的英雄——李志业烈士，塑成了骑奔马的雕像，置于烈士亭顶端，供人瞻仰。请县参议长张鹤亭先生为烈士碑撰写了碑文。在纪念祠落成典礼大会上，王雪亭同志宣讲了1925年加入中国共产党的李竹如烈士的丰功伟绩（并按李竹如亲属的要求，将其棺木安葬在老家庄科墓地内），李竹如烈士的事迹，便在利津广为流传，对教育人民、鼓舞斗志起了积极作用。

王雪亭同志最突出的政绩在于治黄、灭蝗工作方面。1945年领导灭蝗工作，成绩显著，曾受到渤海行署的通令表彰。《渤海日报》连续报道了利津县的灭蝗工作，并发表了以王雪亭县长和我名义报道的捕蝗、治蝗经验总结，以资表扬。

1947年3月18日，国民党违反协议，不等复堤工程竣工，就将滔滔黄河水放归故道。利津县地处黄河下游，全县堤防150余里，险工20余处，年久失修，遍布隐患。渤海区党委、渤海行署号召人民全力以赴，献砖献石，整修险工。全县党政军民齐动员投入治黄斗争。县委书记向旭分工负责防守宫家险工；王雪亭同志和我负责王庄险工抢险工作。连续几个月吃、住在工地上，和民工同甘共苦。按上级当时的规定：县长的待遇是两匹马，警卫员1人，伙夫1人，吃小灶。这时，王雪亭同志却只吃一般伙食，将马匹减掉。他和县府的同志一起，砸石运料。他亲自推独轮木车，有一次，从城东门装车，经豆腐巷子运到张家滩，运程20华里，半天往返两趟，连续干了3个下午。出身上层社会，从未参加过体力劳动的王雪亭县长，累得气喘吁吁，汗流浃背，肩红了，手肿了，但坚持着，不让人替换。7月22日，《渤海日报》报道称：“利津县长亲自扒砖抬土，与民夫同甘共苦，大大鼓舞了沾、阳、棣、惠二万五千民工。”

王雪亭县长负责防守的王庄险工是黄河南北流向再折转东流的迎流险工，十分险要，是黄河上著名险工之一，春季复堤时曾动员阳信、无棣、沾化、惠民、利津5县的两万五千民工抢修套坝（圈堤）长达1700多米。汹涌的洪水，以每秒9000立方米的流量向王庄险工袭来，堤坝发生塌陷，护坡塌落，漏洞漏水。王雪亭县长亲临现场指挥抢堵。因料物不足，眼看大堤将要溃决的紧要关头，他当机立断：加强二线圈堤的防守。一面发出报警信号加强防守，一面严密监视水情。洪水急剧上涨，临时大堤被冲垮了，洪水直冲套坝。套坝是新建工程，未经洪水考验。在洪水猛烈冲击下堤身渗水，险象不断发生。王县长身先士卒，带领机关干部，指挥抢险队、工程队奋力抢救。突然发现一个大洞穿透堤坝，洪水旋转着钻入套堤。在这千钧一发之际，王县长奋不顾身，纵身跳入水中堵漏。在他的带领下，工程队的干部、民工纷纷相继跳入水中，展开一场激烈的堵漏战斗。漏洞终于被堵住了，防洪抢险取得重大胜利，利津人民有口皆碑，众口交赞王雪亭县长是人民的好县长，（还）自动联合起来，做了一块横匾，上书“劳苦功高”四个金字，敲锣打鼓，送到县府，以表彰王雪亭同志的功绩。《渤海日报》头版上发表了向王雪亭县长致敬的电文。中共利津县委对王雪亭同志在利津期间的工作给予了高度的评价。认为他立场坚定，旗帜鲜明，大胆泼辣，雷厉风行，临危不惧，勇往直前，光明磊落，肝胆照人。许多与王雪亭同志一起工作过的同志都说，他在工作中大胆果断、思想敏捷、作风泼辣、性情直爽。这些赞誉，我认为王雪亭同志是当之无愧的。

三、严于律己　矢志不渝

1947年秋后，王雪亭调任渤海四地委兵站站长。1948年参加了“三查三整”，随即南下做支前工作。在济南战役、淮海战役中做粮食供应工作。后任江淮地委粮食部部长，苏南支前司令部财粮部副部长。1949年以后任重庆市委行政处长，1952年“三反”运动中被错误处分：留党察看一年。1957年又被错划为右派分子。“文化大革命”中受隔离审查达4年之久。王雪亭同志屡受不白之冤，身心受到严重摧残。粉碎“四人帮”之后，组织上为王雪亭同志落实了政策、平了反。然而生活上、精神上长期遭受到的折磨，使他身体受到了损害，健康状况恶化，病入膏肓，无法挽救了。

王雪亭同志从一个国民党军官，转变为共产党员，是难能可贵的：这和他任劳任怨、勇于自我批评的精神是分不开的。他把一切成绩归于党，从不揽功诿过。1941年，他任蒲台县长期间，李庆生团长①牺牲后，

① 指蒲台抗日混成团团长，只是名字不统一，在王雪亭《告蒲台同胞书》中写为“牛长庆”，在王雪亭1955年《自传》中写为“李长庆”，暂无法考证确切姓名。——编者注

部队哗然，群众情绪波动很大。他为了安抚人心，顾全大局，便发布布告《告蒲台同胞书》，感激党的领导并引咎自责。布告中写道："……整编之后，三旅训勉有嘉；雪亭即遵所示努力工作，但我才能浅薄，领导无方。（部队）又于三月二十一日前后分崩离析，自相瓦解，歧途彷徨，无法收拾。查此一而再，再而三事变。我作为负责人实不能稍辞其咎。事变发生之后，雪亭彷徨于十字路口，迷失方向，无所措手足。当经三旅再三训示雪亭如猛然醒悟。以抗战为重，以教民为先。我乃负荆请罪，将所带武装交上级整训。雪亭深夜三思，过去本职所带部队对抗战卫土无显著功绩，对地方不无扰乱之处，实乃惭愧之至。乃追念上级对我栽培宽大，准予另行分配工作。望我过去部队、家属、父老兄弟，勿听奸人造谣，乃本以往抗战意志，与敌伪汉奸投降派斗争到底。对此，唯恐父老不明真相，特此声明。"从以上字里行间里可以看到雪亭同志顾全大局、严于律己的宽大胸怀。在他晚年，虽多次遭受不公正的对待，历尽坎坷，但他对党的信念始终不渝，任劳任怨，埋头为党工作。1978年6月，在他67岁高龄、重病缠身的时候，仍以诚挚的深情向组织写了"晚年的请求"，剖析了自己近50年的经历，把党作为生身母亲，恳切的提出重新回到党的怀抱的要求。

1979年3月2日，中共重庆市委撤销了对雪亭同志的原错误处分，恢复其党籍。病重的雪亭同志百感交集，热泪盈眶。3月20日，病逝于上海龙华医院。

1984年4月15日，重庆城建局为王雪亭同志举行追悼会。悼词中说："雪亭同志的逝世是我们党的损失，我们为失去这样一位老同志感到悲痛……雪亭同志立场坚定，工作努力，为中国人民的解放事业作出了贡献。他工作中勤勤恳恳，深入实际，任劳任怨，经常带病参加工作……坚持原则，敢于斗争，顾全大局，团结同志，保持了革命者的本色……”同年5月初，中共惠民地委又为王雪亭同志举行了骨灰安葬仪式。地委、行署、军分区等负责同志以及其生前友好，参加了安葬仪式。悼词中写道：“雪亭同志是一位忠于马克思主义、毛泽东思想的革命战士。为人民解放事业作出了巨大贡献。是党的一位优秀的杰出战士，是人民的好儿子。在30年代末期，日本帝国主义侵华战争正在极为疯狂的时候，国民党军队不战而逃，形势极为严峻的时候，雪亭同志毅然率全团官兵与国民党军阀、投降派断绝关系，庄严宣布率全团起义，投向了党和人民的怀抱，走上了光明大道。……”党和人民对王雪亭同志如此评价，我作为他的亲密战友感到无比高兴和衷心感谢。

王雪亭在蒲台[1]

张静安　邱干卿

王雪亭是原蒲台县三区王家庄人，早在学生时代就向往光明，热爱祖国。踏向社会后，在我党的影响下，历经坎坷，终于由一个民主主义者成长为一位共产主义战士，为党为人民贡献了自己的一切。1979年3月病逝，终年68岁。王雪亭在蒲台的一段经历，是他踏上革命征途的关键岁月。

重返故里

七七卢沟桥事变爆发后，日寇大举入侵我中华国土，所到之处，烧杀抢掠，惨不忍睹。济南失守后，德州岌岌可危。这时王雪亭正在德州国民党陆军新编八十一师任营长，官兵无不义愤填膺，决心固守国土，杀敌报国。不料，国民党当局却下令向晋西撤退。此刻，王雪亭认为大敌当前，不战而走，是军人的奇耻大辱，国家仇，民族恨，一齐涌上心头。于是便决计不随国民党南撤，带领部分士兵回到原籍蒲台，坚持乡土抗战。

回蒲台后，首先遇到的问题是如何坚持抗战的问题。这时，国民党鲁北保安第九团牛长庆[2]部，已先进驻蒲台，这个团的上层骨干甚为复

① 原载中共滨州市委党史征委会编：《滨州烽火》，1995年内部发行，第242—248页。收入本书时编者作了订正。

② 在王雪亭1955年撰写的自传材料中说是“李长庆”，下同。——编者注

杂，论人数、枪支都比王的多，搞不好就有被吃掉的危险。怎么办呢？几经交涉，最后决计与九团合编为“抗日混合团”，牛长庆任团长，王雪亭任副团长。

部队合编后，王雪亭对部队的上层人物，主要是做团结他们的工作，为此，就和他们拜了“把兄弟”。对士兵，主要是进行安抚和进行抗日救国的教育。对鲁北行辕[①]则通过联系工作，密切同他们的关系。时间不长，就得到了鲁北行辕的赏识，把他拉入了国民党。由此，王雪亭在九团扎下了根，成了众所仰望的人物。

王雪亭在和鲁北行辕联系工作的过程中，欣遇在鲁北保安司令部政治处工作的同学好友李毓祯，他是我党派往保安司令部刘景良处的地下工作者，故友重逢，分外亲切，交谈甚为投机。李毓祯虽未向王暴露身份，但聪明的王雪亭已察觉李毓祯不是一般人物。李毓祯那种身居虎穴置个人安危于不顾的大无畏精神，深深地感动了他。

成分复杂的保安第九团，1939年6月，土匪出身的三营长、团长的干儿子董立邦纠集一伙歹徒，于11日晨打死了团长牛长庆。此时，社会上和九团内部人心惶惶。九团何去何从，众所关注，搞不好，则有大乱的可能。在全县人民一致要求团结抗日的呼声下，王雪亭凭借他前段的工作基础，被众头目推举为九团团长，并向鲁北行辕备了案。

整饬内部

王雪亭任团长后，对如何把九团整顿成为一支纪律严明的抗日队伍，深感棘手。这个团的上层人物，多数出身土匪、地主、兵痞等。士兵中虽大部出身农民，但也有一部分属于流氓、游勇等。因此，他们纪

① 应为鲁北行署，下同。——编者注

律涣散，各自为政，对团部的号令，顺意的就执行，不顺意的理也不理。这样的一支队伍，怎能坚持抗战呢？不经过整顿和严格的训练是不行的。怎样整顿？确实是个难题。不讲策略不行，否则，就会树敌，牛长庆就是前车之鉴；操之过急不行，过急就会“炸”了营；姑息迁就更不行，这些人是些“草头王”，夜长梦多，说不定哪天就会出问题。经过再三考虑后，他采取了一条既积极又稳妥的路子。

一是，沿用原有的副团长和营连排长，以稳住局势；二是，加强对士兵的安抚和教育，以安定军心；三是，加强团部建设，充实文职人员，以争取各界支持；四是，加强卫队建设，招募士兵，壮大力量。这样，不到半年时间，卫队就扩足3个排，士兵都是经过认真挑选的，武器装备也较好。这些措施，得到了广大官兵的支持。

在加强团部和卫队建设的同时，他针对连队的实际情况，制定了几条纪律：一是军人要服从命令听指挥；二是不得打骂和骚扰百姓；三是无论何人进团部均不得携带武器。以上数条，官兵一律遵照执行，违者军法处之。这些规定，对当时九团的几个“草头王”和不轨士兵，确实是一个紧箍咒。经过整顿，使部队发生了一些新的变化。

团结抗日

1940年2月下旬的一天下午，我党一地下交通员化装成民间艺人送给王雪亭一封密件，这是山东纵队清河第六军分区司令员马千里给王雪亭的信。信中所谈，主要是博蒲毗邻，大敌当前，两军友好团结抗日的事。王雪亭欣然接受，遂与马千里建立了书信联系，不久进行了面晤。又经马千里介绍，和杨国夫司令员见了面。经过书信来往和见面交谈，领导的话，字字句句滋润着王雪亭的心田，对我党的认识大大提高，认识到只有中国共产党领导的八路军、新四军才是真正抗日的队伍，也只有中国共产党才能解放全中国。他之所以整饬九团内部，是与两位司令员的支持分不开的。就在这个时候，我党派往鲁北行辕的李毓祯被敌人发觉了。撤离时，李先到了王雪亭处，通知他说："我们两人的关系敌人是知道的，你今后不能再去鲁北行辕联系工作了。"王对其非常感激，遂以好枪相赠，送其出境。

1940年春，三支队在反"扫荡"中，需要将后方医院转移到蒲台一区，王雪亭欣然应允，并倍加关照。从此，八路军三支队郑大林部便常出现在旧镇、赵店一带，抗日的消息不断传来，抗日的歌声传唱到了蒲台大地。

严峻考验

我党派往鲁北行辕司令部的李毓祯被敌发觉后，敌人对王雪亭也产生了怀疑，后又得知他在蒲台与八路军三支队关系密切，遂下令通缉他。国民党顽固分子薛儒华曾多次派密探来蒲，均为九团查获。当薛得知九团在二区和睦张驻防时，便派其嫡系部队王家驹团远距离来袭。经过整顿后的九团战斗力大增，在人民群众的支持下，越战越强，越打越勇，把号称王牌的王家驹团打了个稀里哗啦，狼狈而归。九团初战告捷，士气大振。薛逆败退后，恼羞成怒，当察知九团在西马家一带驻防时，又集中数倍于王的优势兵力，在赵店西将九团包围起来，妄图一举歼灭。九团四面受敌，战斗打得很激烈。我三支队得知后，急派郑大林部驰援。其时薛部腹背为我夹击，慌乱一团，官兵互不相顾，各自逃命去了。

薛儒华两次围歼九团失利，并未善罢甘休。他深知王雪亭是一个孝子，便采取绑架其母亲的卑鄙伎俩，企图使其就范。

1940年7月21日夜，薛逆派特务队数人到王雪亭家，将其老母和妻、妹抢去。当地群众都为此担心，三支队研究决定，派郑大林部一个骑兵连到蒲、滨边线公开支持九团。同时，采取“以牙还牙”的办法，与薛之敌交好友，将顽军滨五区头面人物周杰三的家属抢出来，作为人质，换回王雪亭的亲属。7月下旬，王的老母和妻、妹安全归来，王感激涕零。[①]至此，他向三支队首长恳切要求，将九团改编为八路军。我山东分局表示热烈欢迎，但为了争取更多的地方武装团结抗日，认为暂不改编为好，仍保留保安第九团番号，以友军对待。实际上，这时的保安第九团已经成为我党所掌握的一支抗日武装了。从此，人民的子弟兵八路军来到了蒲台县这块土地上。同时，我地方工作人员也在三支队政治部副主任陈楚和民运科长齐仲华的带领下，进入蒲台，开展群众工作。

建立政权

为进一步壮大抗日力量，发动全民抗战，建立巩固的抗日根据地，经上级研究，认为在蒲台县建立民主政权的条件业已成熟。1940年秋，在蒲一区寺后于村召开了蒲台县抗日民主政府成立大会，王雪亭被推选为县长。同时宣布各科局长就职。一科长傅光汉（共产党员），二科长刘铭三（共产党员），教育科长阎奉之等。

县民主政权建立后，各区、乡政权相继进行调整。随着农村政权的建立，广大农村成立了自卫团、青抗先、妇救会、儿童团等群众团体，各学校也逐渐恢复起来。新政权对财粮的征收，实行合理负担，杜绝了乱摊派现象，受到人民群众的拥护。许多中小知识分子纷纷参军参政，一部分到政府工作，一部分到九团政治处工作。新政权的建

① 此处表述不够准确，相关史实参见前面《王雪亭传略》所述。——编者注

立是蒲台县实施民主的先声，是统一战线工作的成果，是联合抗日的又一范例。

纯化改编

1940年冬，抗日战争进入第4个年头。日军侵陷武汉、广州后，即停止了对国民党的正面进攻，集中优势兵力对我根据地实行军事“围剿”，推行惨无人道的“烧光、杀光、抢光”的“三光”政策。这时，国民党顽固派不但不同我党我军共同反击日寇，收复失地，反而推行反动的“曲线救国”政策。汪精卫公开降日，在南京建立了伪政权，配合日军对我进行军事“围剿”。国民党则对我不断进行军事摩擦，第二次国共合作渐趋破裂。整个形势形成了敌、伪、顽三方向我抗日根据地发动大“扫荡”、大“围剿”的局面。抗日战争进入了最艰苦的岁月。在这种大形势下，改编九团势在必行。1941年2月19日，九团奉命调博兴县纯化一带进行改编，改编后的番号是：山东纵队三旅独立团，团长王雪亭，副团长阎仙亭，政治委员相炜。

改编后的独立团，驻在灰庄子（今寨里村）。适逢日寇进行大“扫荡”，独立团首先接火，敌众我寡，战斗十分激烈，幸好三旅增援部队赶到，给敌以重创，独立团才撤出阵地转移。转移中，又在郑寨一带与日寇遭遇，幸又有三旅一部将敌引开，独立团得以冲出包围圈。

反“扫荡”胜利结束后，独立团稍事休整，即回蒲台坚持敌后抗日斗争。王雪亭团长带领一营和县政府刘铭三等同志在公路以东的三、四区活动。相炜政委带二、三营在公路以西的一区和蒲高边沿地区活动。

大浪淘沙

部队回蒲台后，形势发生了很大变化。日伪军在旧镇安了据点，国民党投降派头目杜孝先在芍药李安设了据点，滨、蒲、高大片边区为敌伪控制，独立团面临着严峻的考验。

相炜政委带二、三营去滨蒲边境活动中，一天拂晓，伪军来袭，幸亏部队早有准备未受损失。部队至高苑史家准备回公路东与王雪亭所带一营会合。这时，杜孝先派人来拉拢二营营长陈遇山、三营营长董立邦投敌。相炜察觉后，不顾个人安危，找到杜孝先派来的人。他们见到相炜后，便假惺惺地说："我们是老朋友，来看看。"相炜当众说："来看看，很好！有什么意见也可以讲嘛！现在国难当头，有的人却卖国求荣，为虎作伥，置民族危亡于不顾，甘当日寇的小爬虫，到处为鬼子招兵买马，拉一些同志下水。试问：这还算中国人吗？如果说他们还是中国人的话，那也只能说他们是民族的败类！"几个人被说得哑口无言，只好灰溜溜地走了。相炜转而对陈遇山等说："上级命令我们带部队回根据地休整。"陈遇山却推脱说："战士们思想不通，不愿回根据地。"相炜说："那不要紧，战士的工作我来做。"遂即召开了大会，对大家晓以大义，以自己是东北人，叙及沦亡之苦，只有抗日的道路，才有光明前途。他说："大家同意抗日的，都到村东边集合。"结果，士兵都表示："愿跟政委走！"终于将部队带回根据地。几天后的一个傍晚，陈遇山、董立邦借遛马为名逃跑了。

其间，王雪亭也奉命带卫队和一营回根据地休整。当部队途经一营营长徐秉彝家乡时，徐秉彝竟然率一营叛变，投日寇去了。王雪亭带领余部和县政府的同志回到根据地，整训待命。

根据形势的发展和工作的需要，1941年冬，王雪亭被调往清河军区政治部统战室任主任。临行前，他亲笔写下了诚挚感人的《告蒲台同胞书》，十分感激党的培养，勉励部队及其亲属和全县父老兄弟，“勿听信奸人造谣，仍本以往抗战意志，与敌伪投降派奋斗到底……”至此，他结束了在蒲台3年的戎马生涯，踏上了新的征途。

之后，王雪亭在垦利、利津任过县长，多次受到上级表扬。解放战争中随大军南下，担负过后勤的重要工作，立过功勋。在社会主义革命和社会主义建设中，不辞辛劳，为党为人民贡献了自己的一切。

王雪亭同志生平[1]

罗先哲　翟锡林

王雪亭，原名王松梅，山东博兴县王家庄（曾属蒲台县三区）人。1911年出生在一个中农家庭里，山东省立一中肄业，1939年参加革命工作。1944年10月，在鲁南中共山东分局党校学习期间，经李人凤和刘群同志介绍加入中国共产党，翌年4月转正。入伍后，历任八路军山东纵队三旅独立团团长，山纵三旅政治部统战室主任，蒲台、垦利和利津县县长，中共江淮地委财粮部部长，苏南支前司令部财粮部部长等职。全国解放后，任中共重庆市委行政处长，重庆市税务局城区分局局长，市政工程公司副经理等职。

王雪亭自8岁入学，始读私塾两年，后到小学学堂读教科书。1928年高级小学毕业后，报考蒲台县私立教会学校鸿文中学。1929年又考入山东省立第一中学就读。因当时军阀混战，时局动乱，无法学习，在校读了两个月就返回了家乡。1930年又考取山东陆军士官教导团学习，1931年毕业后，被分配到国民党鲁北民团指挥部任副中队长。始驻禹城，后调回本县警备大队任中尉副连长。王雪亭在青少年时期，对封建势力十分厌恶。1931年春节，他带人抓赌博，抓吸鸦片卖鸦片的人，把

① 原载东营市政协文史委编：《文史资料》（第三辑），1987年内部发行，第173—184页。收入本书时编者作了订正。

他们抓起来游了街，因此惹下一场大祸，这些人联名诬告他“通匪”。王雪亭遭了官司，被投入监狱年余，后经家庭亲友多方设法求助获释。1933年，因家境困难，他找到在山东陆军士官教导团时的同学马鸿昌，马帮他投靠国民党广饶县大队干上了个副连长的差事。时近一年，因患伤寒病住院，数月后病愈辞职回家务农。1935年秋至1937年夏，在本村做轧棉花生意近两载。1937年农历五六月间，麻湾黄河决口，他房屋家产被冲光，一家老少五口流浪他乡。为生活所迫，他投靠同学旧友到蒲台县常备大队担任教官，负责训练新兵，后又随补充新兵到国民党陆军八十一师教导团任营长。

1937年10月，日本侵略军占领德州，国民党军队向南败逃。王雪亭率本营部队回蒲台县，同国民党县警备大队、公安局统一整编为蒲台县抗日混成团，由该县的一位国民党老军人李长庆任团长，他任副团长。不久，李同日军作战牺牲。1938年春沈鸿烈主政山东后，将王雪亭部队整编为山东省保安九团，王雪亭任团长。是年四五月间，他与中学时的同学李毓祯（当时任刘景良部的政训处长，共产党员）多有接触和联系，聆受革命教益。1938年6月初，因形势恶化，李毓祯离开刘景良部队，在王雪亭处携带短枪四支，奔赴冀鲁边区，参加八路军一一五师东进抗日先遣队曾国华支队。1938年冬至1939年春，通过党的地下工作者马运吉的秘密工作，王雪亭同八路军山东纵队第三支队取得联系。1939年春日寇大“扫荡”时，山纵三支队的基干营长郑大林转移到蒲台县，并带有杨国夫司令员的介绍信，将部队的6名负伤战士留交王雪亭处掩护休养。后因坏人告密，遭国民党山东第五区保安副司令薛儒华的通缉。同时，薛部动用3个团的兵力对王雪亭部实行军事包剿。历经月余战斗，薛儒华的阴谋计划未能得逞。1939年7月，王雪亭结束了同薛儒华部的战斗，也从此同国民党山东省政府彻底决裂。当时，王雪亭提出将自己所属部队改编为八路军，后经山纵三支队领导请示中共山东分局，决定从党的统战大局出发，暂保持其部队番号，共同抗日。

1940年初，八路军山东纵队三支队为坚持平原游击战争，兵分三路强渡小清河北上，开辟广饶、博兴的北部地区和邹长、青城、高苑、蒲台一带。不久，八路军山纵三支队派出宋德甫、马运吉等同志去王雪亭团了解情况，做进一步的团结教育工作。在八路军山纵三支队的教育帮助下，王雪亭于1940年6月，毅然率部起义，正式参加八路军。在当时抗日斗争极其艰苦困难的形势下，王雪亭的抗日爱国行动，受到中共山东分局表扬，对国民党鲁北各部震动很大。

王雪亭起义不久，薛儒华使用卑鄙手段，将他的母亲和儿子捕去作为人质，对王雪亭进行威胁。后来，八路军山纵三支队派出骑兵连援助王雪亭部与敌作战，将所俘薛儒华部的军官作为交换条件，才换出王雪亭家属。[①]是年，八路军山纵三支队政治部主任陈楚，民运科长齐仲华主持成立了蒲台县抗日民主政府，选举王雪亭兼任县长。

1941年2月19日，王雪亭部在博兴阎家坊被正式改编为八路军山东纵队三旅独立团，王雪亭任团长，相炜任政委。同年3月26日，王雪亭在中共清河区党委《群众报》上公开发表《告蒲台同胞书》，对唤起军民团结抗战的热情，产生了重大的影响。1941年冬，日寇开始推行“强化治安运动”，“蚕食”与分割清河区抗日根据地，王雪亭与相炜各率一部，辗转于博兴、蒲台一带农村，发展抗日武装，建立抗日两面政权，开展敌后抗日斗争，寻机打击敌人。

1942年4月，经过民主选举，王雪亭担任了垦区行政委员会主任，不久，又担任了垦利县县长。

---

① 此处表述不够准确，相关史实参见前面《王雪亭传略》所述。——编者注

1942年是抗日战争最艰苦的时期。党中央号召根据地人民实行精兵简政，开展大生产运动。垦区行政委员会遵照清河行署的指示，为把垦区根据地建设成丰衣足食的清河军区大后方，及时设立了垦区土地局及其所属一、三分局。垦区行政委员会主任王雪亭，做了大量的土地清丈和移民安垦工作。在他的主持下，垦区抗日民主政府积极组织了固定居民点和发放土地证等项工作，并颁布了《垦区土地整理暂行方案》及《垦区公田垦殖暂行办法》等一系列垦荒政策，实行了对熟荒和生荒开荒减免税收等项措施，并具体组织各级政权的干部贯彻落实。由此，调动了垦区农民的生产积极性，吸引了附近敌占区和根据地数县人民成批迁往垦区开荒种地，促进了垦区农业生产的发展，以充裕的粮棉物资支援了抗日战争。

1942年和1943年，在抗日斗争的艰苦岁月中，王雪亭运用他对敌斗争和从事地方上层工作的经验，经常深入汀河、五庄、罗家、庄科、左家庄等敌占区、游击区的大村镇，开展对各阶层人士的宣传教育，广泛开展统战工作，争取和团结地方上层士绅，教育伪属，瓦解伪军，打击反动恶霸，建立乡村抗日民主政权。他经常带领精干人员，在敌占区村镇召开地方上层人士座谈会，宣传我党的抗日主张，阐明政府的政策法令，揭露敌人的造谣污蔑，指明团结抗日的光明前途，推动了抗日工作的开展。1943年春季的一天，王雪亭县长带领县政府的几位科长，到四区汀河镇连夜召开地方士绅会议。会上，王县长讲了抗日斗争的形势和利津县敌伪的处境，说明了只有跟着共产党走，积极参加抗日救国的斗争才是唯一光明的出路。到会的地方士绅连声表示："还是共产党的抗日主张好，今后一定按政府的政策法令办。"

为扩大我党的政治影响，教育争取一切抗日力量，坚定各阶层人民抗战必胜的信念，1943年6月，垦利县县长王雪亭在垦利三区胥家村主持召开了利津敌占区、游击区农村的34名地方开明士绅和进步人士会议。会上，王县长作了抗日斗争形势和任务的报告，并邀请日本人民反战同盟支部清河区分支部的木村和铃木，向大家介绍了日本军国主义的国内政治经济危机和日本人民的反战情绪，给了与会人员以深刻的教育，扩大了抗日民主政府在这些地区的政治影响。当时，利津县三区前左村张鹤亭应邀赴胥家参加垦利县政府召开的地方开明士绅、进步人士会议，会上聆受革命教益，提高了抗日爱国觉悟，为他后来积极参加抗日工作奠定了良好的思想基础。

1943年5月至7月，在黄河与小清河之间的大片土地上，发生了严重的蝗蝻灾害。王雪亭县长亲临指挥。他身先士卒，带病工作，日夜操劳，在组织和领导灭蝗工作中，成绩卓著，受到中共清河区党委、清河行署的通令嘉奖及山东省党政领导的表扬。

1944年6月25日，王雪亭赴鲁南山东分局党校学习。同年10月，他在党校学习期间，经李人凤和刘群同志介绍加入中国共产党。1944年10月18日，在利津县召开的全县人民临时代表大会上，王雪亭当选为利津县抗日民主政府县长。1945年2月15日，他结束了在鲁南山东分局党校的学习返回垦利县。翌日，邱家围子、六村、七村等10余个村庄数百名村民纷纷前往县政府给王县长拜年。同年2月下旬，他赴利津县抗日民主政府就职。是年，为动员群众和工农知识青年参军参政，壮大抗日力量，巩固民主政权，发展抗战胜利的形势，利津县县长王雪亭倡议以本县革命斗争事迹，向广大干部群众进行革命传统教育和爱国主义教育。为此，县政府除开办各种短期训练班培训基层政权干部外，并大张旗鼓地宣传革命烈士的光辉业绩。1945年10月，王雪亭主持召开了县政府政务会议，作出了修建烈士祠的决定，并成立了建祠委员会。王县长任主任委员。在建祠过程中，他亲自主持规划布局，设计方案，集中群众智慧，研究烈士亭、烈士碑和烈士馆的建造。在烈士祠竣工典礼大会上，王雪亭以本县早期共产党人李竹如烈士的革命业绩向广大干部群众进行了革命传统教育，推动了全县大参军运动的开展。

王雪亭在利津主持县府工作期间，重视利津县工商业的发展。1945年，县政府组建了新的商会组织。为繁荣县城经济，发展利津的工商业，王县长多次邀集工商界人士开会，反复申明抗日民主政府发展工商业的政策。建立商会组织后，每次定期会议，他都亲临参加，讲述党的政策，提高大家的觉悟，鼓励发展工商业，强调打击敌人的经济封锁，在经济战线上积极开展对敌斗争。由此，利津全县的工商业很快由战前的59家发展到347家，商会会员迅速发展到1700多人，全县工商业出现了繁荣景象。

1945年至1947年，王雪亭主持利津县政府工作。他呕心沥血，日夜操劳，政绩显著。在工作中注重言教与身教相结合，团结教育广大干部，尽职尽责，在政权建设上作出了重要贡献。当时，利津县政府的工作，经常受到渤海区党委和渤海行署的表扬。对王雪亭县长的功绩，《渤海日报》也常有报道。

1947年3月，在渤海区治理黄河运动中，王雪亭县长作出了突出的贡献，为了按时完成治黄任务，他一面组织指挥工程队和广大民工抢修险工，一面组织带领县直机关干部，拆除县城古砖，车推肩挑向险工堤段运送料物。王县长身先士卒，带头驾车运料。干部群众争相传颂他的事迹，对治黄工程推动很大。

1947年8月，黄河连续发生洪峰，王雪亭县长分工负责保护王家庄险工。王家庄险工坐弯顶冲，怀抱全河，似乎挡住黄河的去路。黄河水由南而北冲到这里作九十度转弯折向东流，是黄河下游出名的险工。由于水势凶猛，加之堤坝多年失修，防汛中险情不断发生。王雪亭县长始终亲临现场，组织指挥抢险。他废寝忘食，昼夜奋战。后终因工程单薄，险情发展，料物不足，指挥部决定放弃主坝抢堵，退居套坝全力防守。在洪水冲击下，套坝堤身不断渗水，险情连续出现，后在堤身突然出现一个大的漏洞，水喷如注，面临决口危险。在这千钧一发之际，王雪亭县长不顾个人安危，纵身跳入水中，奋力抢堵。

他的英雄举动，激励着广大防汛员工同洪水展开搏斗。经过大家努力奋战，黄河险情转危为安，保障了千百万人民生命财产的安全。王雪亭在治黄中成绩卓著，受到华东局的通报表扬和记功奖励。广大干部群众称赞他是利津人民的好县长。左王区村民敬送王县长“劳苦功高”匾额，并敲锣打鼓送至县府，以表彰他在治黄中的功绩。

1947年11月，王雪亭离开利津。1948年初至同年8月，他去华东局党校参加整风学习。后相继在济南战役时任山东泰安专署运粮总站长，淮海战役时任滨海专署运粮指挥，渡江战役时任江淮地委财粮部部长。1949年4月渡江后任苏南支前司令部财粮部部长。后解放南京、上海等市，成立西南服务团，任行政处处长，直至进军重庆。王雪亭同志为中国人民的解放事业作出了自己应有的贡献。

王雪亭同志的后半生，道路坎坷。1952年被错误地开除党籍；1957年被错划为“资产阶级右派”；“文化大革命”中被隔离审查达四年之久。在这不平常的经历中，王雪亭不灰心，不气馁，不计个人恩怨得失，依然努力为党工作，经受了严峻的考验。1978年6月，他向党组织提出重新回到党内的请求。党组织重新审议复查，1979年3月2日，中共重庆市委纪律检查委员会撤销原处分决定，恢复王雪亭同志的党籍。重病中的王雪亭同志百感交集，无限感激。是年3月20日，王雪亭病逝于上海龙华医院，终年68岁。

王雪亭病逝后，重庆市城建局于1984年4月15日召开了追悼大会，对王雪亭同志在抗日战争、解放战争和社会主义革命与建设时期的功绩以及他对党的事业的坚贞忠诚给予了很高的评价。近几年来，王雪亭同志生前的许多老战友，对他的一生给予了热情颂扬。利津、垦利两县人民对已故的王雪亭县长，表示了深切的怀念。

刘叔叔唤回我对父亲的爱[1]

王慧兰

1949年，我只有8岁，小妹妹慧茹3岁，我们一家在南京分离。年底，父亲王雪亭随人民解放军解放西南的队伍进军重庆，从此天各一方。因此，在我的记忆中，父亲的印象一直是模糊的。随着新中国成立初期历次政治运动的折腾，人们的思想走上极端，灵魂也特别扭曲。我不但不想、不爱父亲，甚至还讨厌、恨父亲，总觉得他没有尽到照顾我的义务，欠我的。特别是因为有这样一个父亲，我不断地被牵连，中学毕业不准我报考军事院校，大学中党组织将我拒之门外，“文化大革命”中我是黑五类子女。我的大姐在安徽，二姐和大哥在老家务农，我大学毕业被分配到长白山下的边城白山市，我小妹妹高中毕业则上山下乡到了天寒地冻的吉林省永吉县土城子乡。

1979年3月20日，父亲去世。同时，强加在他身上30年的不白之冤也被洗刷干净，而他真实的历史面貌也逐渐被我们和世人所知晓。其中，凝聚着刘叔叔[2]莫大的功绩。

早在1943年初，我父亲任垦区主任时，刘叔叔是垦区文教助理，他们相识相知，从此结下了友谊。1944年10月，利津县抗日民主政府成

① 原载侯玉杰、孙明编著：《刘之申》，天马出版有限公司2007年版，第71—72页。收入本书时编者作了订正。

② 指原惠民专署副专员刘之申。——编者注

立，父亲任县长，刘叔叔任教育科长。再后来，刘叔叔则担任县政府秘书，直接辅助父亲。由此，与父亲就更亲密了，他们在许多问题上保持相同的观点。

父亲去世后，遗愿落叶归根，将骨灰安葬在故乡。刘叔叔先是与在上海的渤海区老领导们积极沟通、与重庆市父亲生前单位协商，又与惠民地区的有关领导联络，将父亲的骨灰首先安放在惠民地区革命烈士陵园并举行了有地委、行署和军分区领导出席的隆重仪式。1995年清明节，为了实现父亲的遗愿，刘叔叔与东营市的民政等部门联系，又与我们子女们沟通，终于在我们的家乡王家庄为我们的父母选定坟址。清明节前，刘叔叔将我们姐妹从外地接回故乡，安排我们住在老年大学。他对我们照顾得无微不至，向我们详细介绍父亲为中华民族解放而作出的巨大贡献。由此，我们才知道，原来父亲是那么的不容易，那么的劳苦功高！也逐渐改变了我们对父亲的看法，由恨到理解再到敬仰，我们为父亲而骄傲！也为父亲有刘叔叔这样的战友而自豪！清明节那天，在刘叔叔的操办下，滨州地区、东营市两地党政军领导以及东营区、龙居乡和我们的故乡王家庄村的领导，周边乡亲、少先队员等几百人，为我们的父亲举行了骨灰安葬仪式。作为子女，我们真是肝肠寸裂，其中滋味难以用语言表达。我们怎么能不由衷地感激刘叔叔呢？次年，刘叔叔又与原惠民地委常委、组织部部长邢天才一起为我父亲立碑并撰写了碑文。

为了向世人介绍父亲，刘叔叔还亲自撰写了《深切怀念王雪亭同志》的长文，将父亲的业绩向世人做了详细介绍。刘叔叔把他发表的文章邮寄给我，思念父亲的时候，我就拿出来读，不知不觉中，我经常泪洇纸张。

刘叔叔唤回了我对父亲的爱！

2006年7月

人民的好县长王雪亭①

王龙龙

【《东营党史》编者按】 今年是新中国成立70周年，也是王雪亭同志诞辰109周年。赓续革命者的如磐初心，是革命后代的应尽职责。在这个伟大时刻，王雪亭同志的曾孙王龙龙在多方收集资料的基础上撰写此文，以示对曾祖父王雪亭同志的深切怀念和无比敬仰之情。

1944年8月，黄河最下游的一座县城——利津城解放。这是八路军在山东境内攻克的第一座县城。利津全境解放后与垦区抗日根据地连成一片，为迅速建立人民政权，巩固和扩大胜利成果，党派王雪亭担任了利津县第一任人民政府县长。

一

王雪亭，原名王松梅，1911年1月（腊月二十九，除夕）出生于今东营市东营区龙居镇王家庄。祖父王超凡是个晚清秀才，父亲王善庆粗通文字，终年以农耕为生。王雪亭自八岁入塾读书，后转本村小学。1925年高小毕业后，报考蒲台县私立教会学校——鸿文中学。1928年山

① 原载《东营党史》2019年第3期。收入本书时编者作了订正。

东省立一中肄业。1930年夏，考入山东陆军士官学校，翌年毕业后分配到国民党鲁北民团指挥部任副中队长，驻禹城，后调蒲台县警备大队任中尉副连长。1931年春节，他带人抓捕了一批参与赌博、吸大烟、卖鸦片的歹徒和恶棍，游街示众，因而得罪了地方豪绅、封建势力，与之结下不解之仇。这些人联名诬告王雪亭“通匪”，他也因此含冤入狱年余，后经亲朋保释才得以出狱。1933年，经在山东陆军士官学校时的同学马洪昌介绍，到国民党广饶县大队担任中尉副连长。不久，因患伤寒病住院数月，后辞职在家与友人经营轧棉花生意。

1937年5月，麻湾段黄河决口，王雪亭家产全部被冲光。为生活所迫，他投靠同学、朋友到蒲台县常备大队担任教官，后又到国民党第八十一师教导团任营长。

1937年7月抗战全面爆发后，王雪亭调任第七十四师八三三团少校副团长[①]。不久，日寇的铁蹄踏入山东，韩复榘率国民党军队不战而退，王雪亭所在部队亦被日军击溃。出于爱国意识，王雪亭率残部回乡组织敌后抗日游击队，随后又收编了几个县的地方武装，扩充到一个团的兵力。就在这时，山东出现了一个混乱局面，“胡传奎式”的司令和土匪多如牛毛。鉴于王雪亭的实力较大，国民党山东省政府主席沈鸿烈将其部队整编为山东省保安第九团，任命王雪亭为团长。

王雪亭虽然混迹于旧军队中，但有强烈的民族意识和爱国之心。1938年7月，八路军东进抗日挺进纵队司令员肖华率部队前往开辟鲁北地区，派政治处的李毓祯（王雪亭同学）与王雪亭秘密联系。同年9月，清河区八路军三支队后方司令马千里派人带信给王雪亭，并把他介绍给

① 王雪亭在1955年撰写的《自传》中说他在全面抗战爆发后任陆军第八十一师教导团一营营长，在1978年撰写的《晚年的请求》中说其担任第七十四师八三三团少校副团长。——编者注

三支队司令员杨国夫，双方初步建立了统战关系。1939年，日寇对我后方疯狂“扫荡”，八路军营长郑大林带领几名伤员转移到蒲台县时，王雪亭主动安排、治疗伤员，亲如家人。

不料，上述活动被国民党山东省保安司令薛儒华探知，又截获了王雪亭与八路军联系的信件，便下令通缉王雪亭，并将其母亲和孩子抓去作为人质。八路军山纵三支队司令员许世友、副司令员杨国夫获悉后，派一个骑兵连打败薛部，用俘虏到的薛部官兵换回了王雪亭的母亲和孩子。王雪亭对此甚为感激，看到共产党真心抗日救国，决心与国民党彻底决裂。1940年春，王雪亭毅然率部起义，主动要求改编为八路军，接受共产党的领导。他也成为抗日战争时期山东境内第一个起义的国民党团级军官，对国民党山东省政府是个沉重打击，在社会上引起强烈反响。当时，考虑到统战的需要，三支队首长仍让王雪亭部保留原番号，同时成立蒲台县抗日民主政府，推举王雪亭为第一任县长。

1941年皖南事变发生后，国民党发动了反共高潮，许世友司令员亲自主持整编大会，将王雪亭所属部队正式改编为八路军山纵三旅独立团，王雪亭任团长兼军区参议，相炜任政委。其间，他和相炜率部辗转于博兴、蒲台一带农村，发展抗日武装，建立两面政权，开展敌后抗日斗争。1942年9月，王雪亭调往垦区根据地任垦区行政委员会主任，后任垦利县抗日民主政府第一任县长，在组织大生产运动、开展统一战线工作以及领导灭蝗斗争中做出优异成绩，受到清河区党委、行署的通令嘉奖及山东省党政军领导的表扬。

二

1944年10月18日，在利津县召开的全县人民临时代表大会上，王雪亭当选利津县抗日民主政府第一任县长。翌年2月下旬，王雪亭赴利津县就职。当时，利津县虽已解放，但有些地方还被残敌、土匪和地方封建势力所控制，局势尚不稳定，斗争仍十分紧张，反奸诉苦、土改支前、治黄灭蝗等任务一个接着一个。为了壮大抗日力量，巩固民主政权，王雪亭夜以继日地工作。首先，他利用自己特有的社会地位和上层工作经验，积极开展统战工作，通过各条战线争取群众、团结各阶层人士。县政府除开办各种短期训练班培训基层干部外，还非常注重教员以及社会上文化人士的思想政治工作，及时举办了全县教员训练班，召开士绅名流座谈会，王雪亭亲自到会作抗战形势报告。他以自身的经历和体会，痛斥了国民党军队的腐败无能，盛赞共产党的英明领导，并强调只有跟着共产党、八路军抗战才有光明前途。士绅们受到深刻教育，无不交口称赞八路军纪律严明，人民政府政策英明，会议开得非常活跃而成功。同时，王雪亭又郑重地对带队的区领导说："对士绅阶层不能光听其言，更重要的是要观其行，对开明进步的要团结，对反动的、耍两面派的要打击。……对离鬼子据点近的村镇要开展政治攻势，多教育争取一些上层人士，为发动群众创造条件。"其中，利津县士绅李玉如表示："坚决跟共产党走！"回家后，就在土改大会上带头献田，对发动群众起了良好的推动作用。

为扩大共产党的影响，进行革命传统教育，王雪亭召开县政府政务会议，决定兴建利津烈士祠，亲自兼任建祠筹委会主任，与县府其他领导一起设计方案，将抗战中屡建大功的英雄李志业烈士塑成威武的骑马雕像，置于烈士亭顶端，供人观瞻（此亭于1969年地震倒塌），请县参议长张鹤亭先生为烈士碑撰写碑文。在纪念祠落成典礼大会上，王雪亭宣讲了1927年加入中国共产党的李竹如烈士的丰功伟绩，并按李竹如亲属的要求将其棺木安葬在老家庄科村墓地，使李竹如的事迹在家乡利津县广为流传。

王雪亭在主持利津县府期间，还十分重视工商业发展。1945年，县府建立新的商会组织，为繁荣县域经济、发展工商业，他多次邀集工商界人士开会，反复申明人民政府对发展工商业的政策。新商会建立后，每次定期会议他都亲临参加，讲述党的经济政策，强调打击敌人的经济封锁，在经济战线上开展对敌斗争。由此，利津县的工商业很快由战前的59家发展到347家，商会会员迅速发展到1700多人，全县工商业呈现出空前繁荣的景象。

多年的军事生活使王雪亭在工作中保持了一种说干就干、雷厉风行的工作作风。当时，利津县府的工作经常受到渤海区党委和行署的表扬，对王雪亭县长的成绩《渤海日报》也常有报道。1946年冬，按照上级的规定，他的待遇是两匹马，配警卫员一名、伙夫一名，吃小灶。而他却坚持吃一般伙食，将马匹减掉，改警卫员为通讯员。他这种严于律己、克己奉公、与群众同甘共苦的精神，在广大干部中广为传颂。

1946年初，蒋介石集团突然决定堵复黄河花园口口门，企图逼黄河水东流，水淹山东解放区。为粉碎蒋介石以水代兵的阴谋，中共渤海区党委、行署号召全区人民一手拿枪一手拿锨，掀起“反蒋治黄”运动。当时的临黄大堤，在荒废九年之后早已残垣断壁，当务之急是加高补残、恢复原状。为此，利津县成立了治黄工程指挥部，王雪亭兼任总指挥。他动员两万名民工上堤，历时月余，将南岭以上两岸临黄大堤普遍加高一米左右。作为县长他身先士卒，一面组织工程队和民工抢修险工，一面带领县直机关干部拆除县城城楼古砖，车推肩挑向险工地段运送。王雪亭带头驾车，从城东门装车运至张家滩，路程六华里，半日往返四趟。他的肩红了、手肿了，坚持不让人替换，与解放前官府抓伕拉差、动辄打骂的情景迥然不同。王县长带头参加治黄劳动的事迹，在干部群众中争相传诵，广大人民群众在各级干部的带领下，地不分南北、人不分老少，有钱出钱，有力出力，有力保证了反蒋治黄斗争的胜利。

1947年7月下旬，黄河进入汛期后，河水溢槽临堤，全县险工埽坝相继吃紧，王雪亭县长在王庄险工坐镇指挥。

王庄险工是黄河由南北流向再折转东流的迎流险工，坐弯顶冲，环抱全河，地势十分险要，是黄河下游著名险工之一。进入8月，黄河连续发生洪峰，王县长带领全体防汛员工冒着敌机轰炸，昼夜奋力抢险，终于使洪峰安然渡过。9月上旬，秋汛复至，洪峰再次连续出现，王庄堤段险情严重，十余段埽坝相继掉蛰入水。正在汛情紧急时刻，十余架国民党飞机飞临上空，低空盘旋，狂轰滥炸，轮番扫射，防汛料垛纷纷起火。民工王子明中弹牺牲，多名民工身负重伤。在这万分严峻时刻，王雪亭县长镇定自若，临危不惧，指挥两千多名防汛员工连续奋战，经过七个昼夜，耗用砖石4000余立方米、秸料30余万斤，终将十八段埽坝抢护稳固。9月11日，黄河大溜突然下延，24—23号埽身漂没，险工存料也已烧光用尽。新筑成的五条埽坝，因无足够砖石抛护根基，不足一天便与堤身脱节，仅有几根绳子维系漂浮。19日夜，绳断埽走，堤身溃塌不止，无料再修新埽，已经难以坚守。此时，县委、县政府决定退守套堤保住二线。临黄大堤溃决后，洪水猛涨，冲向套坝。在洪水猛烈冲击下，堤身渗水，险情不断出现。而后又突然在堤脚近处出现漏洞，水喷如注，黄河顿时面临决口危险。就在这千钧一发之际，王雪亭县长奋不顾身跳下水去，指挥县大队干部战士、工程队及民工五六百人接踵跳入水中，挽臂向前探摸进水洞口。当找到洞口时，直径已达一米，塞入麻袋料物均被急流卷向背河出口。危急之中，老河工于祚堂回首望见堤顶堆秫秸数个，便先抱起一捆秫秸塞入洞口，并招手示意叫他人抱送秫秸，横七竖八填入洞口，背河出口水势减缓，随又加塞被褥、麻袋、麦穰，终于使险情转危为安，挽救了解放区数十万人民生命财产安全。王雪亭因在“反蒋治黄”中成绩卓著，受到中共中央华东局的通报表扬和记功奖励，广大干部群众称赞他是人民的好县长，敬送“劳苦功高”匾额。

三

1947年11月，王雪亭调离利津县，后在中共华东局党校参加整风学习。学习结束后，随华东野战军南下，做支前工作。1948年9月济南战役时，任山东支前司令部运粮总指挥，淮海战役时任东路财粮部长，渡江战役时任江淮区党委财粮部长。1949年6月，任苏南支前司令部财粮部长。不久，刘伯承、邓小平领导的解放军第二野战军受命解放大西南，组建西南服务团，王雪亭被任命为西南服务团行政处处长，直至进军接管重庆。

新中国成立后，王雪亭的革命生涯历经坎坷。1952年“三反”运动中受到留党察看一年的错误处分，1957年被错划为“右派”，“文化大革命”中被隔离审查达四年之久。在这不平常的经历中，王雪亭不灰心、不气馁，不计较个人恩怨得失，依然努力为党工作，经受住了严峻的考验。1978年6月23日，王雪亭以诚挚的心情向党组织写了《晚年的请求》，剖析了自己近五十年的经历，把党作为生身母亲，恳切地提出重新回到党的怀抱的要求。1979年3月5日，中共重庆市委撤销了对王雪亭同志的错误处分，并恢复其党籍。此时，重病中的王雪亭获悉这一消息，百感交集，热泪盈眶。3月20日，王雪亭病逝于上海龙华医院，享年70岁。

王雪亭病逝后，中共重庆市委为他举行了追悼会，悼词中写道：“雪亭同志是一位忠于马克思主义、毛泽东思想的革命战士，是人民的好儿子。雪亭同志的逝世是我们党的损失，我们为失去这样一位老同志感到悲痛。”同年5月，在王雪亭同志的家乡，中共惠民地委为他举行了隆重的骨灰安放仪式，地委、行署、军分区的负责同志以及他的生前友好共100余人参加了安葬仪式。

附　录

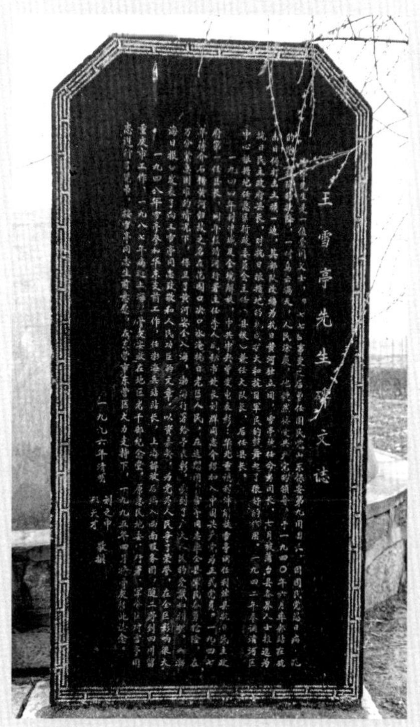

告蒲台同胞书①

各位父老兄弟们：

雪亭自1938年即随抗日游击队，迄今已三年余矣。在此三年中，因我领导无力，对部队教育欠缺，成分又甚复杂，干部更形缺乏，是以我部队屡次发生事变。如牛长庆②团长于1939年6月10日被惨杀③，当时部队哗然大骚，民众被难者尚属不少。又如，1940年7月11日我部下心众不齐，又遭投降派和杜孝先将我家属、财物抢劫一空，部队又形四分五裂，当蒙八路军于1940年7月23日将我家属营救出来，幸免于难。俟后雪亭在感激之余，特于1941年2月19日于博兴阎家坊要求改编为八路军三旅独立团，于整编之后，经三旅训勉有嘉，雪亭即遂循所示，努力工作。但以我才能浅薄，领导无方又于3月20日前后分崩离析，自相瓦解，歧途彷徨，无法收拾。查此种一而再、再而三之事变，我为负责之人，实不能稍辞其咎，假如此种事件再继续下去，非但于抗日不利，于蒲台人民更加重痛苦，即于雪亭个人实为无益之事也。

此事变发生之后，雪亭当时又彷徨于十字路口，无所措手足，当经三旅再三训示，雪亭如猛然醒悟，于是始本上级所示：以抗战为重，以教民为先，我乃负荆请罪，将所带武装，交付上级实行整训。雪亭深夜

① 原载《滨州文史资料》(第一辑)，1986年10月版，第60—62页。
② 王雪亭《自传》中为李长庆。——编者注
③ 王雪亭《自传》中说李长庆团长牺牲时间是在1938年春。——编者注

三思，过去本职所带部队，对抗战卫民，无显著功绩，对地方不无扰乱之处，实乃惭愧之至，乃追念上级对我栽培宽大，准予另行分配工作。

更想此次事变、上级处置，一则有利抗战，二则有利蒲台民众，三则于我更加进步，不然，则我蒲台抗战局面，不可设想，蒲台全体父老之涂炭更不可设想也。望我部队及父老兄弟，勿听奸人造谣，仍本以往抗战意旨，与敌伪投降派奋斗到底，望我部下官兵，仍本努力向上，奋勇杀敌之精神，各自归队工作，万勿走入歧途，贻害民众，而自取没落也。恐我父老不明真相，特此声明，一体周知。

王雪亭启

1941年3月26日

王雪亭自传（节录）①

我是山东省蒲台县三区王家庄［人］。抗日战争前是较弱的富农，现在土改后评为下中农成分。祖父叫王超凡，父亲叫王善庆，祖母戚氏，母亲刘氏。祖父是胞兄弟3个，父亲是叔兄弟两个。据说祖父时代，家庭是个富户，读书较好，是个秀才。经过黄河水灾，荒年歉收等，以后逐渐衰落下来。父亲粗通文字，为农；长祖父与三祖父都绝后代，就是说，三支只有父亲继承。

我是于1911年的农历十二月二十九日降生的。自生我以后，祖父又死了。父亲年龄较大，母亲年龄较小。母亲生我以后，又生了我的一个妹妹，小我3岁。就是说，我无兄无弟，只有我兄妹两个，现仍如此，妹妹在家务农。

外祖父是贫农，泥瓦匠。我有两个舅舅：大舅使船，二舅为人做雇工……

母亲于1952年才去世。因家庭人口少，再加上封建思想的要留后代，只有"我"这个男孩子，可能是娇生惯养的生活环境。我的家乡较偏僻，交通亦不甚方便，紧靠渤海湾的黄河入海口右边。我是从8岁开

① 该《自传》系王雪亭1955年撰写，存于重庆市城建局组织科的档案中，垦利县党史办公室1983年抄录。编入本书时编者作了订正，其中错别字和用错的标点符号直接订正，不再注明，表述不明或错误的地方以"编者注"的形式加注说明，漏字则在方括号内补出。

始读书，即1919年，首先是读了2年私塾，又开始读初小的教科书，即1921年开始上学堂。初小4年，高小3年，都毕业，成绩亦还好。就是说，高小毕业以后，开始想到城市去，羡慕城市生活。这可能是资产阶级思想的开始受毒时期，记得是1928年，高小毕业后的同学们年龄均较大。从1928年至1935年这段的遭遇较复杂，首先是于1928年的考中学时，由于母亲不愿意我上学的地方很远，就叫我在本县的一个私立的教会鸿文中学去考，当然考上了。读了一学期，感到很不好，觉得不光荣。在当时有些同学大部分是在济南，自己就于第二年即1929年跑到济南投考了省立第一中学，但也考取了。读了两个月，又遇上军阀混战，记得是阎锡山打蒋介石的混战，因此就回到家乡。这时在思想上开始对军阀混战是表示不满的，但对城市生活更感留恋。这个不满是个人不得而不满，并非是进步思想的不满。因此个人产生做官向上爬的坏思想。自此，读中学的念头随着就消失了。于1930年就投考了山东陆军士官教导团，经一年毕业，分配到鲁北民团指挥部，驻禹城车站，后又调本县，均任中尉副连长。记得我当时19岁。这时，尚是青年时代，对旧的封建势力还是厌恶的，于1931年的旧历年，就将当地的一些地主老爷们得罪了一下。因为我抓赌局和抓卖鸦片，即将他们抓起来游街等惩罚了一下。因此，这就惹下了一场祸。有些同辈在暑假时，均到我处玩了几天，借此故，这些封建势力就告我通匪。当时局面恐怖是严重时期，因此就重吃了官司，投监狱一年多，后经周旋在济南官司结束后，是1933年，我就又找到在教导团的同学马鸣昌（大副）介绍到广饶县县大队任中尉副队长，将近一年。我得重伤寒病，赴济南劳和医院，经两个月医好。家母就劝我不再当兵，家庭确实也没人，个人也觉得奔波这几年也有些灰心。因此，就辞职回家，整理家务。于1935年秋后，返家以后，我与本村的一位邻居张友德合伙，就开起了轧棉花生意，当了商人。我处是产棉花区，一直到1937年的农历五月黄河决口[①]都是如此。1937年的5月至6月初之间，黄河水涨一日之久，终于我的村头上大堤决口，将全家财产冲得一干二净，只逃出人口。这时，我家有母亲一人，妹妹一，小孩一，妻一，连我5口人。但人逃出，生活亦成了大问题。当时政府指示向本县的西南分散，但分散是分散了，生活仍是问题。当时感到确有些朋友们的援助，当时本县的一位大队副叫袁琢庭给个人的援助是较大的。当时管理黄河的这个官叫王凯如，系袁琢庭的同乡，又是山东省当权者韩复榘的嫡系，经他介绍，我到县里成立常备大队训练新兵，当时我任教练，第一批新兵补充就是我。记得是农历的九月间，被充了陆军八十一师的教导团，我编为一营任营长。同年十月间，就是德州战役失败后，国民党军队向南逃退。我在这时，就拉着我的那个营，回到本县，与本县的县大队、公安局等整编为抗日混成团。当时由本县的一个老军人叫李长庆任团长，我任副团长。于1938年春，李团长牺牲。他带一个营坚持城西，我带两个营在城东。在这时，国民党的省主席沈鸿烈、何思源也就到了山东，又将我部整编为省保安九团，我任团长。从这时起，国民党就千方百计地拉拢我，就叫我加入国民党。何思源说的时候，在利津八大组，就是这时于1938年的农历六月间，叫书记官填了个表，参加了国民党呢。当时，思想上是这样想的，主要是怕人陷害说我又通八路，再加上当时附近又无我党的军队呢。李毓祯系同学、同乡，他又暴露了是共产党，他走时，又从我处带枪走的。以后，知道他到了冀鲁边区工作，据说后任县长，牺牲了。此人，辛易之同志（现重庆市委秘书长）、刘青林同志（现重庆市农林水利局副局长）均知道。

① 此处作者记忆有误，黄河正觉寺段决口发生在1937年8月31日，为农历七月二十六日。下文时间也有错误。——编者注

关于我参加国民党一事，于1941年打山东伪省政府时[①]，即何思源在沾化县义和庄战斗，已将卷宗档案均缴获查明，我如何参加的国民党，只有一张表和一张通缉令。当时山东纵队三旅政治部副主任陈楚知道。在场的，尤其是自我正式来到八路军，这位陈楚副主任是较详细明白的。从报纸上看到彭副总理参加华沙会议时，陈楚同志任顾问，一定是他。因他自进军东北，就没离开部队的政治工作。以前听说他在安东和萧华副主任在一起工作。于1938年的参加国民党时期，于6月间返回本县以后，记得不几天的时间，就有一个贩卖纸烟的商人带来了马千里同志的一封信，这位同乡只知其名，不认其人，系一位老同志，在白色恐怖时跑出去的。当时他说是八路军三支队后方司令员，距我驻防区200华里的长山县胶济铁路一带。马千里同志在解放后，任津浦路管理局公安处长，现听说调东北，不详。从此开始，从信上往来。以后，又经他介绍，与三支队司令员杨国夫同志联系，听说在浙江省军区任司令员[②]。在往来信件中，被国民党省保安司令薛儒华[③]抓获。及于1939年的春天，日寇大“扫荡”时，有我八路军第三支队的一个营长叫郑大林[④]，转移到我县，并带有杨、马两司令的介绍信，将战斗中的几个伤病员留在我处休养。当时保密工作差，再加上伤员纪律又差，叫伪省保安司令薛匪知道了，就以此为证据，下令通缉追剿［我］等。于1939年5月至6月，经一个多月的战斗，敌人用了2个旅3个团的力量，但没打

① 此处表述不完整，应为国民党山东省政府鲁北行署。——编者注

② 作者当时听到的杨国夫任职消息不准确，杨国夫没有担任过浙江省军区司令员职务，作者撰写自传的1955年，时任浙江省军区司令员是林维先，杨国夫此时在中南军区高干班文化速成中学学习。——编者注

③ 作者对薛儒华的任职记忆有误，薛儒华此时担任的职务是山东省第十行政督察专区专员兼第十区保安司令。——编者注

④ 此处作者记忆有误，郑大林到清河区并任基干一营营长是在1940年春天。——编者注

胜我。最后他用卑鄙的手段将我母亲及小孩捕去作威胁。后经我八路军第三支队派一个骑兵连公开援助我继续战斗，将俘虏其军官与我家属换出的。该骑兵连长苗冠生，现任西南航空司令部参谋长，驻成都西郊，1952年见过。于1939年的7月间，结束了与薛匪司令的战斗，也就从此与国民党伪省府正式决裂，断绝了关系的。当时我提出意见，要改编为八路军，但当时据三支队杨司令与徐斌洲政委请示山东分局，答复是“不行”，影响统战，与我保持朋友关系并保持原部队番号。因为公开与国民党省府决裂了以后，本县的伪县府县长当然也要打垮了。当时本县的伪县长是叫于善楷，系伪保安司令薛儒华的嫡系。虽然部队暂不改编，但需成立民主县府，选举县长。当时由三支队政治部主任陈楚同志、民运科长齐仲华同志等主持成立了蒲台县民主政府，选举我兼任蒲台县县长。

1939年底、1940年初，“新四军事变”[①]发生后，从此正式改编为山东纵队第三旅独立团，我任团长，政委为相炜。正在开始配合百团大战情况下，开始了反顽斗争，我是由朋友走上兄弟的第一个，当时受到山东分局的表扬。于1941年，日寇“蚕食”“分割”政策，部队即分散活动，由我与相政委分带部队活动。在日寇与地方封建势力威胁诱降下，第一营叛变投敌后，［其营长］于1945年在战斗中俘获来枪毙了。于1941年冬天，开始第三次整军，我调军区政治部任统战室主任。以上这段情况，陈楚主任均在。当时的旅长是许世友，现任山东军区司令员、华东军政委员。

于1942年开展垦区，建立抗日根据地，又调我到垦利县（垦区）任行政委员会主任，后经民主选举为该县县长，系新成立的县。

① 指皖南事变。此处时间有误，皖南事变发生的时间是1941年1月。——编者注

1943年[①]调山东省进行整风学习半年，带职去的。系全省县长以上的政权干部，有本行署主任李人凤[②]、专员冯鼎平、现在北碚六区的区委书记张种玉同志。这段工作在垦利县两年捕蝗工作均有成绩，受到省和行署党政的表扬。但在未整风以前，政治上不开展的[③]，认为抗日胜利，就完成了任务。当时虽不是党员，团［党］委、县委都让［我］参加会议。记得以党外布尔什维克为自满。经过整风学习和领导上的教育，在整风时才提出申请入党。当时经过山东省分局副书记黎玉同志谈话后申请，区党委书记景晓村又谈过一次。于1944年正式入党，介绍人是本行署［副］主任李人凤和我［区］民政处处长刘群同志，县委书记是王林同志，地委书记是李文同志。

于1944年的春，就调到利津任县长[④]，一直到1947年底未动。在利津这段工作，在黄河改道、治理黄河工作上是有成绩的。因黄河决口，在抢险中受到华东党政的通报表扬，什么“功臣”等。以上这段情况，以下负责同志都明白：李人凤，前华东局轻工业部副部长；县委书记王林同志，在部队，在1952年时，在徐州一带驻商丘县；地委书记李文同志，即是搬来重庆后的医学院院长；再就是当时地委的民运部长王墨林同志，现任重庆一区书记。

1948年，调华东局党校学习，主要内容是“三查三整”，8个月。当时的同学大部分散，在重庆的有辛易之同志、刘青林同志。辛易之同志时间较短，青林同志较长。还有现在的四川涪陵专区专员赵一川都是在一起的。

---

① 此处作者记忆有误，应为1944年。——编者注

② 此处作者记忆有误，李人凤时任行署副主任。——编者注

③ 原文如此，作者想要表达的意思可能是：没有开展政治学习。——编者注

④ 此处作者记忆有误，利津县城于1944年8月解放，10月王雪亭被选举为县长。——编者注

1948年9月，开始打济南，即山东省会，调出做粮食供应工作，在山东的泰山专区任运粮总站长兼组织委员，赵一川同志任书记，一直到济南战役结束。

1948年开始淮海战役，调往滨海专区任运粮指挥，当时与前方粮食局长联系，该粮食局长叫王子竹，现任四川省粮食厅长。淮海战役结束后，1949年调江淮准备渡江战役，我任江淮地委财粮部部长。渡江后，又调苏南支前司令部的财粮部任副部长，一直打到南京、上海、杭州解放后，成立西南服务团，调任行政处第二处长。当时［第］一处长是林松同志，现任市政公司副经理。以后又调到总团部任行政处副处长，陈筹同志任处长，陈筹同志现任重庆市副市长，直［到］进军重庆。

1949年底至1950年6月，在重庆市委任行政处长。于1950年6月调重庆市税务［局］城区分局任局长（现市中区）。以上这段情况，从支前开始，王永福同志就是政治部主任和组织部部长，又是市税［务］局长，他完全明白，现调东北工作。

于1952年在“三反”中为包庇我爱人犯错误，受到行政上撤职处分，党内留党察看一年的处分。后又在“三反”中，从山东跑来的一位老同学叫樊连全（樊廉泉），贪污嫌疑分子，未及时报告组织，只是个人劝他回到山东好生交代，因此就又犯了错误……

我现在家庭有一个男孩，已经结婚，并有3个孩。［儿子］以前在县府工作，在与保安司令薛儒华打仗时，被匪徒们［威胁］活埋等，吓出了惊痫病，现在家。作团的工作时的［妻子］已离婚的，未［再］嫁人，［育有］4个女孩子，有一个大女儿在铁路上工作。现在我的爱人王均系山东沂水人，其弟在四川省交通厅工作，叫王为萧。其妹在江津盐务局工作。……

杨国夫为王雪亭出具的证明材料[①]

王雪亭是1940年起义的，是渤海地区大股敌人最早起义的一个。在印象中，王起义后政治表现是不错的，他那个九团改编为独立团，王经常跟着我们军区司令部活动。

杨国夫

1969.7.1

① 该证明材料系重庆市城建局组织科王雪亭档案，垦利县党史办公室1983年抄录。

马千里为王雪亭出具的证明材料①

1940年以前，当地党的组织马运吉作王雪亭团的争取工作。1940年4月份，王雪亭派人来主动找我们。王雪亭为什么要找我们呢？（一）在当时社会上没有政治地位，也没有经济地位；（二）对他本团控制不了；（三）对当时封建势力和土匪行为也有些看不惯，还有些抗日民族思想。

经我们研究决定：派人去王雪亭团了解情况和工作，是马运吉和宋德福（组织科长）去的。没多久，我们便把王的九团改编为八路军的一个独立团。

马千里

1969.8.26

① 该证明材料系重庆市城建局组织科王雪亭档案，垦利县党史办公室1983年抄录。

王雪亭先生碑文志

雪亭先生是一位爱国义士，七七事变之后，曾任国民党山东保安第九团团长，因国民党恐日病，跑的跑，投降的投降，一时乌云满天，人民涂炭，他毅然接受共产党的领导，于1940年6月率部站在抗击日伪打击土顽一边，其部队改编为抗日黄河独立团，雪亭被任命为团长。7月被蒲台县各界人士推选为抗日民主政府县长，对抗日根据地的巩固扩大和抗日军民的鼓舞起了很好的作用。1942年奉调清河区中心根据地任垦区行政委员会主任（县级）兼任大队长，后任县长。

1944年利津城及全境解放，中共中央曾发电表彰：华北重镇利津解放。雪亭调任利津县抗日民主政府第一任县长，同年经清河行署主任李人凤、秘书处长刘群同志①介绍加入中国共产党为正式党员。1947年蒋介石借黄河归故之名在花园口决口处［堵口，意图］水淹抗日老区人民。在这期间，雪亭同志率全县军民奋勇抢险，在万分紧急困难的情况下，保卫了黄河安全入海，渤海行署给予表彰，受到了广大人民的爱戴和拥护，《渤海日报》发表了向王雪亭同志致敬和人民功臣的文章，以资嘉奖，为党为人民争了荣誉，在全区影响很大。

1948年雪亭参加华东支前工作，任渤海兵站站长。上海解放后编入

① 此处作者记忆有误，李人凤时任渤海区行政主任公署副主任，刘群时任渤海区工商局监委。——编者注

西南服务团，随二野到四川留重庆市工作，1987年[①]病逝上海，骨灰安放在［惠民］地区老干部纪念堂，原惠民地委、行署、军分区对雪亭同志进行了凭吊，按雪亭同志生前意愿，在东营市东营区大力支持下，1995年4月将骨灰移此志念。

1996年清明

刘之申 邢天才 敬撰

① 此处为笔误，应为1979年。——编者注

王雪亭致刘之申的信（节录）

之申同志：

您好啊！

您怎么也不会想到我会在长江里的一条船上在给你写信吧？已是很久未给你写信了，多少话也不知哪里说起啊！

我还是从张汝淮同志的来信中得知你现在的工作。他现在既然在惠民地区搞工作组，谅必已将我的情况告诉你了。

人的变化和事物一样，也是难以预料的。我原先素以体健自负，不意在七十的年［纪］，竟然查出了肺癌！既来之，则安之，就让它来吧。

自害病以后，得到了各级领导的关怀、照顾。最近组织决定送我去上海检查治疗，并派了几个人护送。此去上海，自有郝晋卿同志会照顾我，请大家勿念。

…………

之申同志，我总算看到了今天这一大好局面。人生七十古来稀，我已年过七十，回顾一生无所遗憾，所憾的是再不能见到山东父老了。你作为一个地方官，请代我向各位老战友和家乡父老多多问候。我也希望惠民地区蒸蒸日上，欣欣向荣。

往后看："逝者如斯夫"，

往前看：祖国无限好。

之申同志，我此去上海，将在肿瘤医院检查治疗，郝晋卿同志在那里负责。

此信是我口述，由老朋友记写的。

专此，祝

大家安康！

王雪亭

1979.元.24

写于江峡轮舟过九江时

刘之申、孙明夫妇致王慧兰、连树学夫妇的信

慧兰及树学：

二次来函均收悉，勿念。知道您们的心情，决不埋怨。这都是历史原因造成的。只要您们这代人知道了这段沧桑历史，也就完成了使命，十分高兴。您与树学4月25日之信曾翻印了，下发给有关亲人及雪亭同志的生前友好，反映很好。并把翻印的原稿随信一并叫孩子们看看，以尽父辈之责。

慧兰：向您们介绍的情况虽挂一漏万，但句句是真实的历史，当然这些历史很不够的。譬如说：您爸爸在利津工作时还是治理黄河的功臣。报纸均发表了向治黄功臣王雪亭致敬的文章，现在都能查到的。说这些叫您们后代人知道这段真实历史，一代一代传下去。我也算扶正压邪的一点贡献吧，后人会有评说。

慧兰：来信均写出了感情而且文法、结构都很好！我不知道您写过文章之类的东西没有，要好好学习，努力进取。您们还年轻，外文如何？我曾出国才明白也是文盲之列。当然我们老了，无关大局，对吗？

祝大家好！孩子们要学习好！

并寄去像（相）二张，请转给慧茹一张，以资纪念。

父母辈刘之申、孙明

［1995年］7月4日

参考文献

1.李晓黎主编:《中共渤海区地方史》,中央文献出版社2000年版。

2.北京八路军山东抗日根据地研究会渤海分会编:《渤海抗日根据地回忆史料》,中共党史出版社2013年版。

3.北京八路军山东抗日根据地研究会渤海分会编:《渤海抗日根据地》,中共党史出版社2014年版。

4.李晓黎、刘继堂、刘汝赞等编著:《中共冀鲁边区清河区渤海区党史大事记》,中共党史资料出版社1989年版。

5.王中强、黄德鑫、曲正杰主编:《中共冀鲁边区清河区渤海区组织史资料汇编(组织机构沿革及领导人名录)》,中共党史资料出版社1989年版。

6.中共东营市委党史研究室著:《中共东营地方画史》,中共党史出版社2015年版。

7.蔡华、梁海伟主编:《清河平原的记忆》,泰山出版社2015年版。

8.薄文军编著:《黄河口抗日战争史》,中共党史出版社2017年版。

9.马献忠主编:《清河区抗战史》,中国文史出版社2019年版。

10.徐向前著:《历史的回顾》,人民出版社2016年版。

11.中共山东省委党史研究室著:《中共山东地方史(第一卷)》,山东人民出版社1998年版。

12.山东省地方史志编纂委员会编:《山东省志·军事志》,山东人民出版社1996年版。

13.姜洁编著:《济南战役》,中共党史出版社2005年版。

14.王东溟著:《山东人民支援解放战争史》,山东人民出版社1991年版。

15.李孟发主编:《渤海波翻唱大风——东营市政协文史资料(第十三辑)》,山东人民出版社2011年版。

16. 郑德厚编著：《抗大一分校》，中共党史出版社2005年版。

17. 王心林、李学东主编：《中国共产党山东省东营市组织史资料（1923—1987）》，1990年5月内部发行。

18. 中共东营市委党史研究室编：《东营党史人物（第一辑）》，2002年11月内部发行。

19. 东营市政协文史委编：《东营市政协文史资料（第三辑）》，1987年7月内部发行。

20. 东营市政协文史委编：《东营市政协文史资料（第五辑）》，1990年1月内部发行。

21. 严文典、任相纂修：《蒲台县志》，清乾隆二十八年重修，蒲台县衙藏版。

22. 王伟主编：《东营区志》，中华书局2000年版。

23. 刘其河主编：《烽火岁月——东营区抗战剪报集萃》，2017年12月内部发行。

24. 李在田主编：《东营区军事志》，2011年内部发行。

25. 马献忠主编：《东营区老照片（第一辑）》，山东画报出版社2013年版。

26. 王国平主编：《龙居镇志》，中国文化出版社2009年版。

27. 许荣耀主编：《东营区乡村记忆（龙居镇卷）》，中国文史出版社2017年版。

28. 程庆龄主编：《垦利县志》，山东人民出版社1997年版。

29. 垦利县党史史志办公室编：《渤海垦区革命史》，中共党史出版社2005年版。

30. 刘宪亮主编：《垦利印记》，黄海数字出版社2023年版。

31. 孙明钦主编：《利津县志》，东方出版社1990年版。

32. 中共利津县委党史研究室编：《中共利津地方史（第一卷）》，中共党史出版社2004年版。

33. 中共利津县委党史研究室编：《中共利津革命斗争史稿》，1997年7月内部发行。

34. 利津县委党史资料征集研究委员会编：《利津党史资料》（第8辑），1989年11月内部发行。

35. 崔光、郭忠瑞编著：《利津历史人物》，中国文史出版社2024年版。

36. 刘伟主编：《中国共产党广饶地方史（第一卷）》，中共党史出版社2006年版。

37. 中共滨州市委组织部编：《中国共产党山东省滨州市组织史资料（1939—1987）》，1989年11月内部发行。

38. 中共滨州市委党史征委会编：《滨州烽火》，1995年内部发行。

39. 李晓黎主编：《永远的怀念——渤海区著名烈士、党史人物纪念文集》，2011年7月内部发行。

40. 侯玉杰、孙明编著：《刘之申》，天马出版公司2007年版。

41. 韩会英主编：《中共滨城地方史（1939—1978）》，2009年12月内部发行。

42. 孙俊义主编：《滨城故事》，中国文史出版社2017年版。

43. 王雪岭主编：《中国共产党博兴历史（第一卷）》，人民日报出版社2006年版。

44. 李沈阳、张基地编著：《博兴通史》，中国文史出版社2020年版。

45. 田浩存、田晓峰编著：《黄河归故风云录》，中共党史出版社2005年版。

后　记

2023年底，为进一步挖掘、保护、传承东营区红色文化、革命文化，东营区政协着手编纂出版《王雪亭文史专辑》。

王雪亭是东营区龙居镇王家村人（曾属蒲台县、博兴县）。他是山东抗日战争时期第一位率部起义的国民党团级军官，后任蒲台、垦利、利津三县抗日民主政府首任县长，他是清河区抗日民族统一战线的代表性人物之一。

此前，龙居镇党委、镇政府委托东营区作协主席刘英亭整理编写一部龙居籍革命前辈王雪亭的书。经一年多收集资料、采访、创作工作，2020年完成一部报告文学的初稿。后因故暂时搁置。2024年初，东营区政协文化文史和学习委员会在确定文史专辑主题后，积极与龙居镇、刘英亭沟通协商，商定区政协文史委主导，龙居镇党委、镇政府配合，共同推进《王雪亭文史专辑》编纂出版工作，主要编纂工作仍由刘英亭负责。

为全面客观反映王雪亭的成长和革命历程，文史专辑以人物传记为主，在原报告文学的基础上，对体例、篇目、史料取舍、文字表述进行了较大调整。按此要求，编纂人员首先加班加点整理出文史专辑的初稿。接着，在对原有采访和史料系统整理基础上，区政协文史委组织编纂人员到王雪亭曾经工作和生活过的地方深入采访，并赴滨州市滨城区政协、博兴县政协和东营市垦利区政协、利津县政协文史部门座谈交流、征求意见，征集了大量我们之前未了解的资料。编纂人员还专程赴重庆市档案馆、山东省图书馆查阅资料。

由于体例、篇目的调整，书稿有很多地方甚至需要推翻重写，数易其稿，2024年5月，完成评审稿，请相关专家进行审核把关。经多方征求意见，并结合王雪亭主要工作经历，定名《王雪亭文史专辑》，内容以王雪亭传略、王雪亭大事年表为主体，收录纪念回忆文章，附录王雪亭重要历史资料。后又综合各方意见，再次修改补充完善，于9月底完成送审稿。10月，将书稿报送中国文史出版社审核。

20世纪80年代以来，王雪亭的战友、同事以及在王雪亭生活、战斗过的地方历史机构、专家对王雪亭的革命事迹进行了广泛征集、整理，编写了回忆、纪念和研究文章，为我们编纂本书提供了坚实基础。我们虽注重资料的深入挖掘，书中不少资料、档案是首次披露。在书稿编撰过程中，我们得到重庆市档案馆、山东省图书馆，滨州市滨城区、博兴县，东营市垦利区、利津县等县区政协及有关党史、史志、档案部门的大力支持。山东省图书馆王建萍、滨州医学院附属医院刘肖林、滨州市渤海革命老区纪念园刘树松，以及王雪亭的亲属王慧英、王慧荣、王慧兰、王国海、吕友河、王龙龙，龙居镇王家村林英华、林殿武、吕建荣等人提供了大量的宝贵资料。东营市委党史研究院王振伟、滨州市委党史研究院张文、东营区委党史研究中心李鹏等专家审读书稿。在此，一并表示感谢！

由于资料欠缺和编者水平所限，本书错漏之处在所难免，敬请各界批评指正！

编者

2024年10月